どんな仕事も「25分＋5分」で結果が出る

ポモドーロ・テクニック入門

著・フランチェスコ・シリロ
訳・斉藤裕一

CCCメディアハウス

2018年版への序文

私が初めてポモドーロ（トマト型のキッチンタイマー）のゼンマイを巻いたのは、1987年9月の曇った午後のことだった。場所はローマから北へ50キロほど、ストリという古い町にあった家のテラス。私は家族と一緒に休暇を過ごしていたのだが、手強い課題に取りかかろうとしていた。

「この章を終えてしまいたい」

その章とは、数週間後にある大学の試験のために読まなければならない社会学の本の第1章だった。

あの日の午後、私は夢にも思っていなかった。

世界中の何百万人もの人たちが私と同じように、課題に集中して特定の時間内に目標を達成するためにキッチンタイマーのゼンマイを巻くことになろうとは。優秀なソフトウェア開発者たちが居並ぶオープンスペースのオフィスの中で、それと同じトマト型のタイマーの時間が進んでいく音を聞くことになろうとは。銀行のCEO（最高経営責任者）が取締役会で私と同じトマト型のタイマーを使うことも、その手法がニューヨーク・タイムズやガーディアン、ハーバード・ビジネス・レビューといった権威ある新聞や雑誌で取り上げられるようになることも……。しかし、そのすべてが現実に起こった。このようになったことは今も私にとってうれしい驚きだ。

初めてポモドーロが鳴ったときに感じた気持ちを、今もはっきり覚えている。それまで感じたことのないような不思議な落ち着きを感じた。それまでの私は、嵐の中の小舟のように頭の中の考えが揺れ動いていた。

「合格点を取る必要がある。3冊の本を読まなければならない。試験の日までもう時間は少ない。もうだめだろう。集中できない。どうしても気が散ってしまう。もう勉強をやめて試験を先延ばししてもらうべきかもしれない。何か別のことをしたほうがいいのではないか……」

ところが、ポモドーロが鳴って最初の時間枠が終わったとき、また静かな海に戻っていた。自分にはできるのだということが、もうわかっていた。そして、またポモドーロをセットした。私が最初にセットした時間は、ポモドーロ・テクニックの基本である25分ではなく、たったの2分だった。

私が試験で合格点を取れたのは、落ち着きと自己コントロールの意識を取り戻せたからだった。そして、私はそこから「ポモドーロ現象」の探究に進んでいった。「なぜ効果があったのか。ポモドーロの最適な長さは？　1日にできるポモドーロの回数は？　ポモドーロの間の休憩の長さは？」

このような問いに答えを見つけ出し、それを生産性改善の方法としてまとめ上げるまでには何年もの時間がかかった。そして、その方法を「ポモドーロ」と名付けることは、私にとってごく自然な成り行きだった。

私は今、社会学の試験勉強をしたときに使ったのと同じポモドーロの時間が進む音を聞きながら、この序文を書いている。私の古い友だ。1987年9月のあの日の午後から31年。その間、数々の変化があった。インターネットとソーシャルメディアの発達が私たちの習慣と行動を変えた。

スマートフォンによって、映画の上映時間に合わせて家を出る時刻も、帰宅途中の車やタクシーの中から注文した夕食の出前があと5分で着くということもわかるようになった。私たちは毎日24時間、ソーシャルメディアや様々なアプリに気を取られるようになっている。このデジタル時代にもポモドーロ・テクニックは効果を発揮するのか。

仕事や勉強への集中を邪魔する最大の原因は、私たち自身の頭の中にある。私が「内的中断」と呼んでいるもの――宅配ピザの注文やソーシャルメディアの更新、デスクの上の片付けなど、ふと心にわいてくる欲求や思いによる中断――は、メールやフェイスブックの告知の着信音のような外的な中断よりも頻繁に起こり、害も大きい。このような中断を引き起こす要因に対処する最善の方法は、それを受け入れたうえで**穏やかに対処することだ**。

ポモドーロ・テクニックでは、そうした要因を紙やスマホ、パソコンに書き留め、ポモドーロが終わった後で対処する。こうすることで、それぞれの用件が本当に重要なのかどうかを見極める時間が得られる。短時間にあまりにも多くの内的中断が起こるようなら長めの休憩を取る、というのがポモドーロ・テクニックのやり方だ。

内的中断が次々に起こるのは、安らいだ気持ちで作業や課題に取り組めていないというメッセージを心が発するからだ。その原因は、うまくできないのではないかという不安から生じる恐怖心かもしれない。あるいは目標が複雑すぎたり、時間が足りないと感じているからかもしれない。心理的な自己防衛機能で、心がもっと安らげることをさせようとするのだ。そして、私たちは中断に向かおうとする。

どのような種類や頻度であろうとも、内的中断や外的中断にポモドーロ・テクニックが脅かされることはない。ポモドーロ・テクニックは、私たちが自分の心の働き方を自覚し、中断を引き起こす要因に対処することを助ける。本当に緊急な事柄が突然思い浮かぶ場合もある。

しかし、たいていはポモドーロが終わる20分後まで先延ばしできるものだ。自分の心がなぜ、今していることを中断させようとしているのか、このプロセスによって、その根底にある不安を理解できるようになる。

そうした不安を見極められれば、それを管理する方法を見つけることが可能になる。このプロセスがないと不安にのみ込まれ、不安が不安を呼んでまひ状態に陥りかねない。ポモドーロ・テクニックによって、私たちは恒常的な自己対話と自己観察を通じて自分を欺くことをなくせる。

いずれにせよ、最初は自分の目標達成に集中できなくても心配は要らない。**次のポモドーロはもっとうまくいく。**自分自身にやさしくしていいのだ。

序文

ポモドーロ・テクニックの基本的なアイデアがひらめいたのは１９８０年代末、大学1年の時だった。

最初の学期末試験を終えた後の高揚感が収まると、私はスランプに陥って能率が上がらなくなり、物事が手につかないような状態になった。その後も毎日学校に通って授業に出ていたのだが、家に帰ると、自分はいったい何をしているのか、時間を無駄にしているのではないかという思いにとらわれて落ち込んでいた。次の試験があっという間に迫ってきて、ただ時間が過ぎてしまうだけでもうどうにもならないという気分になっていた。

そんなある日のこと、私は教室でクラスメートたちを批判的な目で眺め、自分自身についてもさらに批判的に考えていた。自分はどのように生活をおくり、どのように他の人たちと交わり、どのように勉強しているか。気が散ってしまうことや何かに邪魔されることが多く、集中力とモチベーションが弱いことが不調の原因であることは明らかだった。

私はプライドを捨てて、自分自身に大事な問いをぶつけた。

「10分間、本当に身を入れて勉強することができるのか」

客観的に確認することが必要だったので、私は時間を計るのにポモドーロ（イタリア語でトマトのこと）の形をしたキッチンタイマーを使った。それがポモドーロ・テクニックの始まりだった。

自分はすぐに勉強に集中できると思っていたのだが、実際にはそうではないことがわかった。そうなるまでには時間も努力も要したが、最終的にそれができるようになった。

その最初の小さなステップで、私は「ポモドーロ」を使った方法に好奇心をかき立てられた。この新しい道具を使って勉強の能率を、そして後には仕事の能率を高めることに打ち込んだ。ますます複雑になっていく問題点を理解し、それを解決するために、私はチームワークの力学について考えるようにさえなった。

このようにして少しずつでき上がっていったのが、本書で紹介するポモドーロ・テクニックだ。

私は長年、一般公開の講座やチーム研修でポモドーロ・テクニックを教えてきた。その間に一般的な関心も高まり、ますます多くの人たちから質問を受けるようになった。つまり、考案者として説明する必要があるということだ。みなさんが自分を高めて目標を達成するうえで、この方法が力になることを願っている。

目次

チームとしての目標達成

結果

はじめに

多くの人にとって、時間は敵になっている。特に期限がある場合など、時間の経過によって引き起こされる不安は仕事や勉強の能率低下につながり、それが先延ばしの性向を生み出す。

ポモドーロ・テクニックは、自分のやりたいことをやりたいように成し遂げ、仕事や勉強の成果を継続的に高めていけるように、時間を価値ある味方にすることを目的に編み出された。

本書で紹介するポモドーロ・テクニックは1992年に考案され、98年から個人を対象に、99年からはチームも対象としてセミナーなどを通じて教示されてきた。

本書の「基礎」のセクションでは、時間に関係する問題について説明し、ポモドーロ・テクニックの目標とその基本的な前提を示す。

その次の「個人としての目標達成」のセクションでポモドーロ・テクニックについて説明し、あなたの段階的な目標の達成に活用する方法を示す。

「チームとしての目標達成」のセクションでは、ポモドーロ・テクニックをチームに応用し、チームの生産性を高めていくための一連の方法について説明する。

そして「結果」のセクションでは、ポモドーロ・テクニックを実践した人たちの経験をもとに得られた数々の知見を示したうえで、このテクニックはどのように目標の達成につながるのか、関係する一連の要因を見極める。

FOUNDATIONS

基礎

文脈

期日までに終えなければならない仕事を前にして、不安を感じたことのない人がいるだろうか。そうした状況の中で、予定を後倒しする必要を感じたことのない人がいるだろうか。進行が予定より遅れてしまったり、時間を無駄にしてしまったりしたことのない人がいるだろうか。時間が何よりも大事な状況なのに人と会う約束などに追い立てられ、自分の好きなことをする時間がなくなってしまうという不愉快さを知らない人がいるだろうか。

「忘れるな　時は貪欲な勝負師だ　いかさまをせずに常に勝つ」[*1]と、ボードレールは「時計」という詩に書いている。これは時間の本当の性質なのか。それとも、時間に対する一つの捉え方にすぎないのか。

さらに一般的に私たちはなぜ、時間に対する考え方をこんなに問題にするのだろうか。時間が逃げていくという感覚から誰もが経験する不安は、どこから生まれているのだろうか。

時間、そして人と時間の関係について定義するという課題に取り組んだ人たち——思想家や哲学者、科学者など——は、常に敗北を認めさせられてきた。実際のところ、そうした探究には必然的に限界があり、完全にはなり得ない。本当の意味で洞察を示した人はほとんどいない。時間という問題に関しては、深い相互関係をもつ2つの側面が共存しているようだ。

●生成　時を計る（秒、分、時間）という習慣につながる抽象的次元の側面。空間という次元のように、座標軸上に時を表すという概念。ある事象の継続という概念（時間軸上の2点間の距離）。遅れという概念（同じく時間軸上の2点間の距離[*2]）。

●事象の連続　時間的順序の具体的な側面。私たちは朝起き、シャワーを浴び、朝食をとり、勉強し、昼食をとり、昼寝をし、遊び、食べ、ベッドに入る。子どもは、何が起きるかにかかわらず経過するという時間の抽象的概念を獲得す

＊1　Charles Baudelaire, *Flowers of Evil*, Oxford University Press, 2008. シャルル・ボードレール『悪の華』（堀口大學訳、白水社など）
＊2　Henri Bergson, *Creative Evolution*, Book Jungle, 2009. アンリ・ベルクソン『創造的進化』（真方敬道訳、岩波文庫など）

る前に、このような時間の概念をもつようになる。[*3]

この2つの側面のうち、不安をもたらすのは「生成」のほうだ。本質的に捉えようがなく、不確かで際限がない。時は経過し、逃げていき、将来へと動いていく。時間の経過に対して自分自身を許ろうとすれば、私たちは自分の不完全さを感じ、抑圧され捕らわれているという思いにさせられ、1秒また1秒と進むごとに敗北感を味わわされることになる。

そして、生の躍動（élan vital）——物事を成し遂げることを可能にする力——を失ってしまう。「2時間過ぎたのにまだ終わっていない」「2日経ったのにまだ終わっていない」というように。自分の弱さを思い知らされ、自分は何のためにこれをやっているのかという状態になってしまう。

それに比べて「事象の連続」のほうは不安をもたらしにくいように思える。むしろ一定の事象の連続、つまり落ち着きを生むリズムを意味する場合もある。

ポモドーロ・テクニックの目的

ポモドーロ・テクニックの目的は、能率（あなた自身とあなたのチームの能率）を高めるためのシンプルなツール／プロセスをもたらすことにある。ポモドーロ・テクニックによって次のようなことが可能になる。

- 「生成」に関係する不安の緩和
- 中断を減らすことによる集中力の向上
- 意思決定に対する意識の向上
- 動機を高めて維持すること
- 目標達成への意志を強めること
- 質・量の両面において見通す力を高めること
- 仕事や勉強のプロセスの改善
- 複雑な状況の中で粘り強くなること

＊3　Eugène Minkowski, *Lived Time*, Northwestern University Press, 1970. ユージン・ミンコフスキー『生きられる時間　現象学的・精神病理学的研究』（中江育生、清水誠、大橋博司訳、みすず書房）

基本的前提

ポモドーロ・テクニックは3つの基本要素に基づいている。

●「生成」という概念に焦点を合わせない、これまでと異なる時間設定の方法 これにより不安が緩和され、したがって能率の向上がもたらされる。

●頭をより良く使うこと これにより思考が明確化して意識が高まり、集中力が向上して学習が促される。

●使いやすく負担にならないツールの活用 これによりテクニックをシンプルに応用できるので長続きしやすく、目標達成への努力に集中できるようになる。時間管理の多くの手法がうまくいかないのは、そもそも複雑な仕事をしなければならないのに、もう一層の複雑さを積み重ねてしまうからだ。

ポモドーロ・テクニックは、もともと次のようなアイデアから発想された――タイムボクシング（time-boxing＝時間枠の設定）、トニー・ブザンが提唱した認知テクニック[*4]など頭の働きに関する様々な知見、ハンス＝ゲオルグ・ガダマーが明らかにしたような思考のダイナミクス。[*5] 目標と行動の段階的な設定に関しては、トム・ギルブが詳しく論じている。[*6]

＊4　Tony Buzan, *The Brain User's Guide*, Plume, 1983.
＊5　Hans-Georg Gadamer, *Truth and Method*, Continuum, 2004. ハンス＝ゲオルク・ガダマー『真理と方法――哲学的解釈学の要綱（叢書・ウニベルシタス）』（轡田收、大石紀一郎、麻生建、三島憲一、北川東子、我田広之訳、法政大学出版局）
＊6　Tom Gilb, *Principles of Software Engineering Management*, Addison-Wesley, 1996.

REACHING YOUR INDIVIDUAL GOALS

個人としての目標達成

要素と方法

ポモドーロ・テクニックは5段階の基本プロセスからなる（表1参照）。

この基本的作業は1日にわたって続くが、それより短いスパンになることもありうる。その場合には1日に何回か作業をすることになる。

ポモドーロ・テクニックの実践に必要なのは次のものだけだ。

●ポモドーロ：キッチンタイマー（図1参照）。

●「今日やること」シート。毎日の初めに次の事柄を記入する。

何を	いつ	なぜ
計画	1日の初めに	その日にすることを決めるため
追跡	1日を通じて	費やした労力など、必要な指標のもとになるデータを集めるため
記録	1日の終わりに	日々の観察でわかったことをまとめておくために
処理	1日の終わりに	生のデータを情報に変えるために
視覚化	1日の終わりに	向上につながる理解を促し、改善への道筋を明確化させるフォーマットで情報を示すために

表1　ポモドーロ・テクニックの5段階

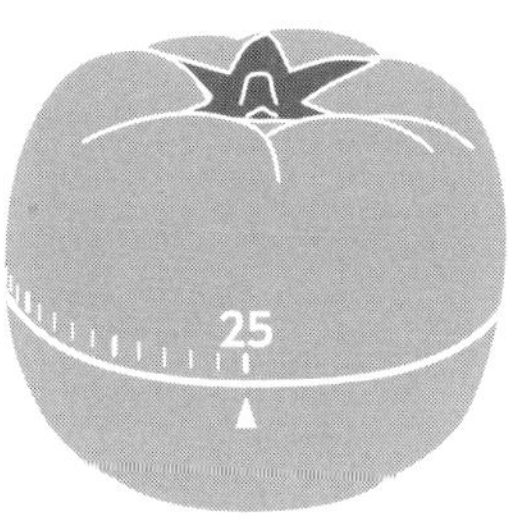

図1　ポモドーロ

●見出し：場所、日付、作成者の名前。
●その日にすることを重要な順に並べたリスト。
●「予定外の緊急な用件」というセクション。すぐに対処しなければならない予定外の仕事などが飛び込んできたら、ただちに書き入れる。その日の予定を組み替えなければならなくなるかもしれない。

●「仕事の在庫」シート。次の事柄を記入する。
●見出し：作成者の名前。
●仕事の内容を書き込むためのスペース（数行ほど）。1日の終わりにチェック。

●「記録」シート。それぞれのボックスごとに、ポモドーロ・テクニックのリポートや図表の作成に必要となる元データを書き入れる。通常、このシートには日付と説明、作業を終えるのに必要なポモドーロの回数を記入する。少なくとも毎日1回、通常は1日の終わりに更新する。

本書でシンプルな事例を紹介していくが、「記録」「処理」「視覚化」のプロセスは、この「記録」シート上で行う。

紙面上の制約があるため、本書で紹介するシートには当該のトピックに関係する書き込みだけが記入されている。シンプルなシートのモデルを巻末に付し、ポモドーロ・テクニックの練習に使えるようにした。

これからの各章でポモドーロ・テクニックの具体的な方法について、順を追って示していく。段階的にレベルを上げていくこの手法は、順を追って目標を達成していく必要があることを意味する。

目標1

必要な労力の見極め

標準的なポモドーロ・テクニックは30分を1単位とする。25分間の作業と5分間の休憩だ。

1日の初めに「仕事の在庫」シートから、その日に片付けたいと思うものを選び出し、重要な順にそれぞれを「今日やること」シートに記入する（図2参照）。

最初のポモドーロの開始

ポモドーロ（タイマー）を25分にセットし、「今日やること」シートの中の最初の作業に取りかかる。1人の場合でも複数の場合でも、タイマーは残り時間がはっきり見えるようにして使う（図3参照）。

ポモドーロは中断できない。つまり25分間、作業に集中することになる。また、ポモドーロを半分や4分の1に切り分けることもできない。時間の「1原子」がポモドーロなのだ（**ルール：ポモドーロは分割できない**）。

今日やること

the Pomodoro TECHNIQUE

名前：マーク・ロス

日付：2018年7月12日（シカゴ）

	「音楽の学び方」という記事を書く（最大10ページ）	
	「音楽の学び方」を音読して推敲する	
	「音楽の学び方」を3ページに縮める	

図2　「今日やること」シート

図3　常に残り時間が見えるように

今日やること

名前：マーク・ロス

日付：2018年7月12日（シカゴ）

	「音楽の学び方」という記事を書く（最大10ページ）	×
	「音楽の学び方」を音読して推敲する	
	「音楽の学び方」を3ページに縮める	

図4　最初のポモドーロ

誰か、あるいは何かに邪魔されてしまったら、そのポモドーロは無効になる。つまり、もうなかったことになり、最初から新しいポモドーロをやり直さなければならない。

タイマーが鳴ったら、それまでしていた作業項目の横の欄に「×」印を付け、3～5分間の休憩を取る（図4参照）。

タイマーが鳴ることは、その作業の完全な終了を意味する（ただし一時的な終了ということだが）。「もうあと何分か」作業を続けることはできない――たとえ、それで終わらせられるとわかっていても。

3～5分間の休憩によって、自分を

今日やること

名前：マーク・ロス

日付：2018年7月12日（シカゴ）

	「音楽の学び方」という記事を書く（最大10ページ）	××
	「音楽の学び方」を音読して推敲する	
	「音楽の学び方」を3ページに縮める	

図5　2回目のポモドーロ

仕事から切り離すことができる。それまでの25分間で学んだことなどを頭にしみ込ませると同時に、次のポモドーロの成果を最大限に高めるためのリフレッシュの時間が得られる。

椅子から立ち上がって部屋の中を少し歩いたり、水を飲んだり、あるいは次の休暇にはどこへ行こうかなどと考えてみたりするのもいい。深呼吸やストレッチもできる。他の人たちと一緒に作業をしている場合には、冗談を言い合うのもいいだろう。

この短い休憩時間に頭を使うことをするのは避けるようにする。たとえば、仕事に関係する話を同僚としたり、重要なメールを書いたり、急ぎの電話をしたりすることなどだ。

そうしたことをしてしまうと、意識を集中させて次のポモドーロを始めるための頭と心の準備ができなくなってしまう。その種の事柄は「仕事の在庫」シートに記入して、そのためのポモドーロを確保するべきだ。

また休憩の間に、それまでしていた仕事のことを考えるべきでもない。

休憩時間が過ぎたら、タイマーを25分にセットしてまた作業を続ける。それが終わったら「今日やること」シートの横の欄にまた「×」印を付ける（図5参照）。再び3〜5分間の休憩を取ってから、新しいポモドーロを始める。

4回のポモドーロごとに

4回のポモドーロごとに作業を中断し、15〜30分間の休憩を取る（図6参照）。

この長めの休憩は、デスクの上を片付けたり、コーヒーマシンのところまで行ったり、留守番電話や着信メールのチェック、あるいは単純な休憩や深呼吸、短い散歩をすることにも使える。

重要なのは、複雑なことを避けることだ。頭の中を整理し、学習したことを取り

今日やること

the Pomodoro TECHNIQUE

名前：マーク・ロス

日付：2018年7月12日（シカゴ）

	「音楽の学び方」という記事を書く（最大10ページ）	××××
	「音楽の学び方」を音読して推敲する	
	「音楽の学び方」を3ページに縮める	

図6　ポモドーロの最初のセットの終了

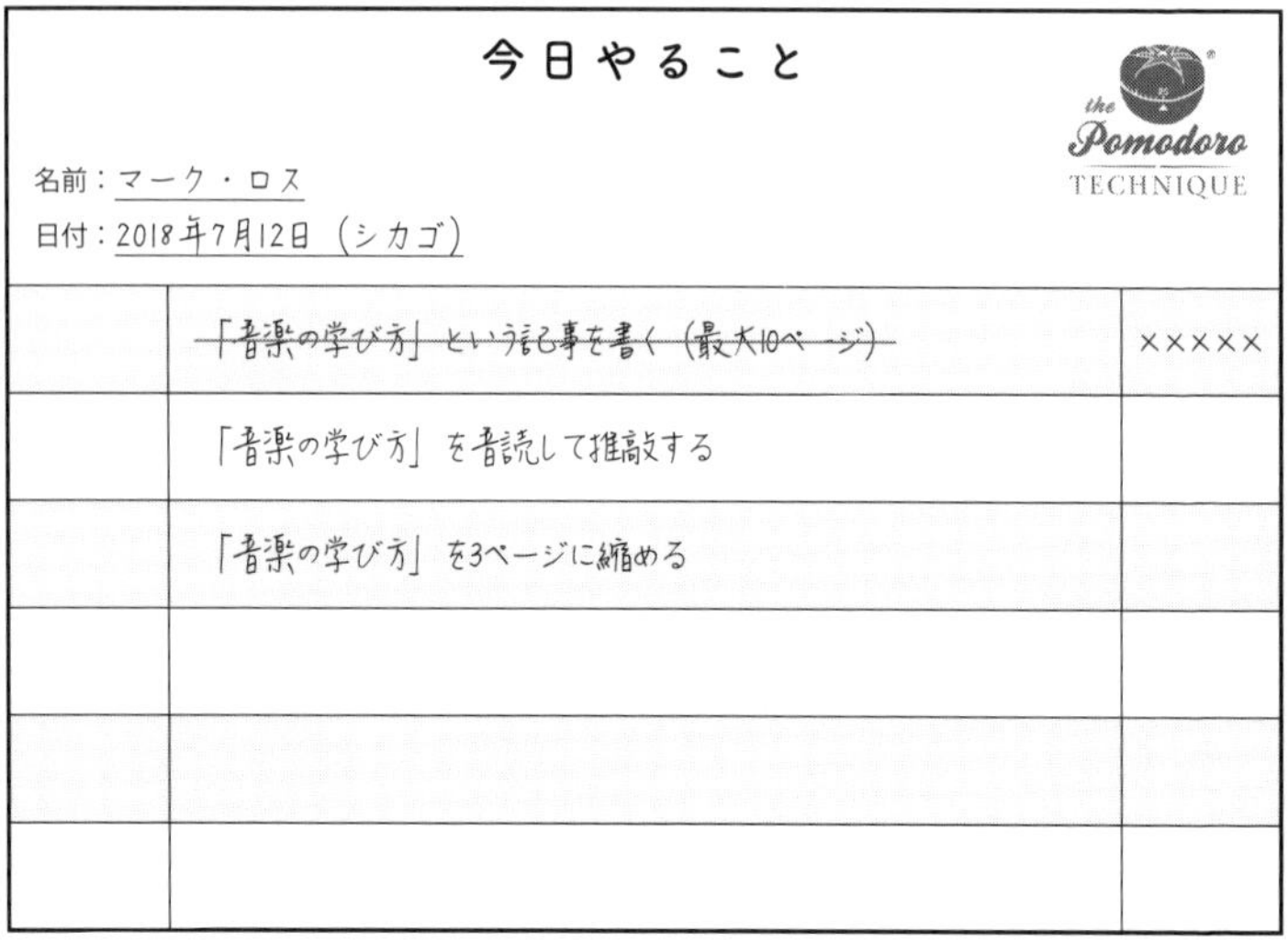
今日やること
the Pomodoro TECHNIQUE
名前：マーク・ロス
日付：2018年7月12日（シカゴ）
~~「音楽の学び方」という記事を書く（最大10ページ）~~
××××××
「音楽の学び方」を音読して推敲する
「音楽の学び方」を3ページに縮める

図7　作業の完了

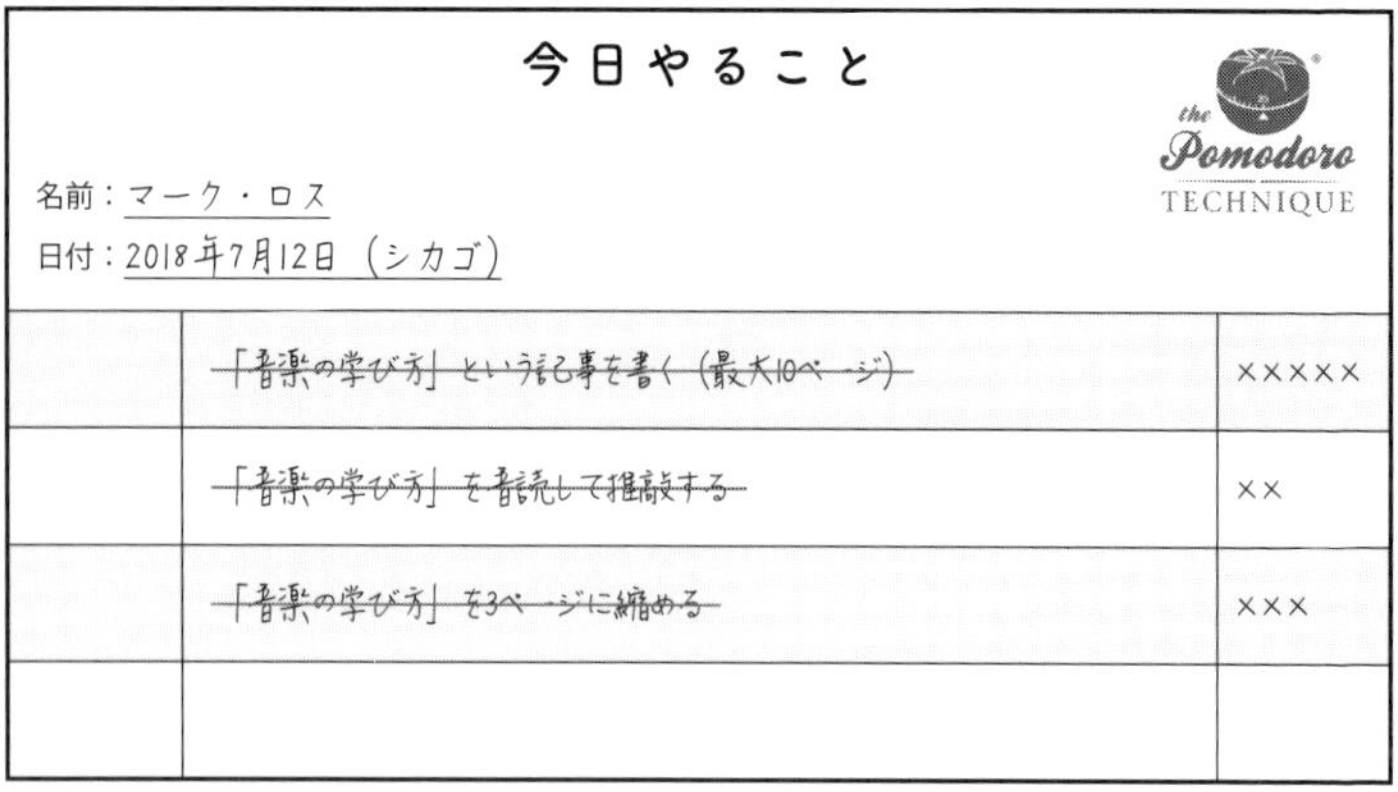
今日やること
the Pomodoro TECHNIQUE
名前：マーク・ロス
日付：2018年7月12日（シカゴ）
~~「音楽の学び方」という記事を書く（最大10ページ）~~
×××××
~~「音楽の学び方」を音読して推敲する~~
××
~~「音楽の学び方」を3ページに縮める~~
×××

図8　複数の作業の完了

込むことができなくなってしまうからだ。それでは最高の状態で次のポモドーロに入れなくなってしまう。この休憩時間には、それまでのポモドーロでしていたことについて考えるのをやめる必要がある。

作業を完了させる

作業が完了するまでポモドーロを繰り返し、それが終わったら「今日やること」シートのその項目を横線で消す（図7参照）。

個々の状況には常識を働かせて対応するべきだ。

● タイマーが鳴る前に作業が終わった場合には**「タイマーが鳴るまでポモドーロは続く」**のルールに従う。残った時間で、予定していた以上のことを学習したり、見直しや反復をしたり、小さな手直しや復習をしたりすることができる。

● ポモドーロの最初の5分未満で作業が終わった場合には、前のポモドーロで完了したこととしてポモドーロ数にはカウントしない。

一つの作業が完了したら、シートの中の次の作業へ移る。やはり1回のポモドーロごとに休憩をはさみ、4回目の後に長めの休憩を取る（図8参照）。

記録

1日の最後に、完了したポモドーロをシートに記録する。パソコンでスプレッドシートやデータベースを使い、完了したものを「仕事の在庫」シートから削除するのもいいだろう。何をたどって記録するかは、あなたが何を見定めたいのか、どんなリポートをまとめたいのかによって変わる。

最初は、一つの仕事を終わらせるのに要したポモドーロの数をリポートにまとめることが目標になるかもしれない。それぞれの仕事を終えるのに費やした労力を集計してまとめ上げるという場合もあるからだ。

そのための項目欄として「日付」「（開始）時刻」「ポモドーロの総数」「結果に関する付記」が役立つ（図9参照）。この最初の記録フォーマットは、あなたがまとめたいリポートの内容を表し、紙の上に簡単に書くこともできる。

記　録

名前：マーク・ロス

the Pomodoro TECHNIQUE

日付	時刻	種別	作業	ポモドーロの総数	付記
2018/7/12	8:30	執筆	「音楽の学び方」	5	7ページ
2018/7/12	11:30	推敲	「音楽の学び方」	2	
2018/7/12	14:00	凝縮	「音楽の学び方」	3	7ページから3ページに

図９　「記録」シート

この例で、もしもマークが開始時刻をメモしていなかったら？　ポモドーロ・テクニックでは、作業を始めた時刻は必要不可欠ではない。重要なのは、実際に要したポモドーロの総数を記録することだ。

それは実際に費やされた労力にほかならない。**これがポモドーロ・テクニックを理解するポイントになる。**記録は毎日少なくとも1回はすることになるので、作業を始めた時刻を思い出すのもさほど難しくはない。実際、この種の記憶をたどることも有益な頭の体操になる。

開始時刻を思い出すのに役立つテクニックとして、その日にした作業を現在時点から逆順にたどっていくという方法がある。

改善

「記録」は、ポモドーロ・テクニックをプロセス改善のための自己観察と意思決定に役立てようとする人にとって、効果的なツールになる。

たとえば、この1週間で仕事と自己開発のそれぞれに充てたポモドーロの総数や、1日当たりの平均ポモドーロ数を算出できる。あるいは、プロセスの各段階がすべて役立っているか、逆に省ける段階はないかという見極めもできる。

たとえば、図9でマークは「音楽の学び方」という記事の執筆と推敲、凝縮に合計10ポモドーロを費やしている。これは多すぎるように思える。マークは、9ポモドーロ以下で同じ成果を達成したいと思うだろう。そうすれば、差分のポモドーロを他の作業に充てられる。

「次の記事はクオリティを維持しつつ労力はこれほどかけずに書きたい。どうすればいいか。どこを省けるか。本当に役立ったのはどの作業か。もっと効果を高めるために、どう組み直せるか」

このような自問が仕事や勉強のプロセスの改善、あるいは少なくとも改善の取り組みを可能にする。1日の最後に記録をつけること（そして、そこから改善の方法を見つけ出そうとすること）は、1回のポモドーロで済ませるべきだ。

ポモドーロの性質

ポモドーロは時間の経過で区切りをつけるものであり、したがって時間という次元の測定になるが、複数の人が作業に関わることによって労力という次元の測定にもなる。その人数によって「パーソン・ポモドーロ」（1人の場合）、「ペア・ポモドーロ」（2人）、「チーム・ポモドーロ」（3人以上）として労力が測られる。

人数が違えば、ポモドーロの数で単純に労力を比較することはできない。また、別種のポモドーロの数を足し合わせることもできない。

個人、ペア、チームは、それぞれ生産要因の組成に違いがあり、コミュニケーションのあり方も異なる。パーソン・ポモドーロをペア・ポモドーロやチーム・ポモドーロに換算する定式はない。

個人、ペア、チームのそれぞれによる作業のコストを測定したいとする。この場合、金銭的な測定を用いることによって、労力の多寡の比較や合算をすることができる。

たとえば、2回のパーソン・ポモドーロと3回のペア・ポモドーロでなされた作業があるとする。労力そのものに関して、これらの数字を直接比較したり足し合わせたりすることはできない。

しかし、1ポモドーロの労力をたとえば10ドルという金銭的価値で捉えることによって、この作業の費用は10ドル×2＋10ドル×3×2＝80ドルと表せる。

目標 II

中断を減らす

ポモドーロの時間は25分と短いため、何らかの理由で遮られることはなさそうに思える。ところが、これまでの経験から、ポモドーロ・テクニックの実践を始めると中断が厄介な問題になりうることがわかっている。したがって中断を最小限に抑え、ポモドーロをスムーズに終えられる状態を高めていく効果的な戦略が求められる。中断は2種類の原因から起こる。内的原因と外的原因だ。

内的中断

ポモドーロは25分しか続かないが、最初のうちは中断させないことがハードルになる。何か食べたり飲んだりしたくなったり、急に連絡する必要を思い出したり、インターネットで何か（作業中の仕事に関係すること、あるいは無関係なこと）を検索したり、メールをチェックしたくなったりするかもしれない。

加えて、今なぜこの作業をしているのかという思いにとらわれるかもしれない。

私たちは常に、自分が立てた1日の予定や決定事項について考え直そうとするものなのだ。

このような形で作業が止まったり、作業を先延ばししたりすることは「内的中断」と呼ばれる。仕事を予定どおりに意図した形で終わらせられるだろうかと不安を感じる背景には、このような要因が潜んでいる。内的中断には集中力の不足が関係することが多い。

このような内的中断から自分自身を解放するには、どうすればいいのか。2つの側面から対処する必要がある。

1. この種の中断を可視化する。中断が起こりそうな状況になっていると感じたら、その都度、ポモドーロの「今日やること」シートにアポストロフィ（'）を書き込む。

2. 状況にどう対処するかを決める。次のどれかを選ぶことができる。

● 先送りできないと思ったら、「今日やること」シートの「予定外&緊急」の欄

今日やること

the Pomodoro TECHNIQUE

名前：マーク・ロス
日付：2018年7月12日（シカゴ）

	「音楽の学び方」という記事を書く（最大10ページ）	×’
	「音楽の学び方」を音読して推敲する	
	「音楽の学び方」を3ページに縮める	

図10　内的中断

にそれを書き入れる。

●「仕事の在庫」シートに書き入れて「U」（unplanned = 予定外）を付記する。必要なら期限も書き加える。

●現在のポモドーロを完了させる意志を固める。アポストロフィを付けたら、タイマーが鳴るまで作業に集中する**（ルール：タイマーが鳴るまでポモドーロは続く）**。

ここでの狙いは、何らかの急な必要は生じるものであり、それを無視することはできないという事実を受け入れ

仕事の在庫

名前：マーク・ロス

	……	
U	キャロルに電話：次のロックコンサートはいつ？	
	……	

図11　予定外の用件

ることにある。客観的な目で見て判断し、必要に応じて予定を組み直せばいい。

シナリオ

内的中断への対処について、その力学を事例で説明しよう。「音楽の学び方」の記事執筆の2回目のポモドーロの最中に、マークは急にキャロルに電話しなければと思い始めた。好きなロックバンドの次のコンサートの予定を知りたくなったのだ。マークはこう自問した。

「これは本当に緊急の用件なのか。今日でなければダメなのか。いや、そう

仕事の在庫

名前：マーク・ロス

	……	
U(7月14日)	キャロルに電話：次のロックコンサートはいつ？	
	……	

図12　期限のある予定外の用件

ではない。先に延ばせる。1時間か2時間後。明日でもいいかもしれない」

マークは「今日やること」シートの現在の項目の横にアポストロフィを付け（図10参照）、「仕事の在庫」シートに予定外の用件として記入したうえで（「U」を付記して――図11参照）、ポモドーロを続けた。

そして、マークはこう自問した。

「これは明日までにしなければならないことか。いや、週末までにやればいいことだ」

マークは、その期限を「U」の横にカッコを付けて書き込んだ（図12参照）。

もし、その10分後に突然ピザが食べたくなったら、マークはアポストロフ

今日やること

the Pomodoro TECHNIQUE

名前：マーク・ロス

日付：2018年7月12日（シカゴ）

	「音楽の学び方」という記事を書く（最大10ページ）	×”
	「音楽の学び方」を音読して推敲する	
	「音楽の学び方」を3ページに縮める	
	予定外＆緊急	
	ピザの注文	

図13　突発的な内的中断

今日やること

the Pomodoro TECHNIQUE

名前：マーク・ロス

日付：2018年7月12日（シカゴ）

	「音楽の学び方」という記事を書く（最大10ページ）	×” ×
	「音楽の学び方」を音読して推敲する	
	「音楽の学び方」を3ページに縮める	
	予定外＆緊急	
	ピザの注文	

図14　突発的な内的中断（２回目のポモドーロ）

ィをもう一つ書き込むかもしれないが、今度はそれを「今日やること」シートの「予定外&緊急」の欄に書き込むだろう（図13参照）。そして、マークはまたポモドーロを続ける。

ここまで、ポモドーロは中断されていない。時間が進んでいくなかで、マークは状況に対処しながら作業を続けている。

状況への対処はできるかぎり短時間で済ませるべきで、数秒が限度だ。そうしないとポモドーロは中断され、無効になってしまう。

タイマーの音が鳴ったので、マークはシートに「×」印を書き入れ、短い休憩を取る（図14参照）。

マークは次のポモドーロに入ることにした。この3回目のポモドーロには中断の原因になりうる8つの事柄があるが、幸いなことに、そのすべてに対処できている。

1つは緊急ではないので「仕事の在庫」シートに記入したが、残りは緊急の用件に分類するしかなかった（図15参照）。

図15に書かれている事柄のなかには、本当に緊急なのかと思えるものもあるかもしれないが、マークはこう受け止めている。

ここでのポイントとして、ポモドーロ・テクニックでは、用事ややりたいことが

今日やること

the Pomodoro TECHNIQUE

名前：マーク・ロス

日付：2018年7月12日（シカゴ）

	「音楽の学び方」という記事を書く（最大10ページ）	×'' ×''''''''
	「音楽の学び方」を音読して推敲する	
	「音楽の学び方」を3ページに縮める	
	予定外＆緊急	
	ピザの注文	
	買う自転車を選ぶ	
	アジアの音楽学習に関する記事を読む	
	7月のシカゴでのジャズコンサートをネット検索する	
	メールのチェック	
	中華料理の出前注文	
	デスクの引き出しの整理	
	鉛筆を削る	

図15　複数の突発的な内的中断

たくさん頭に浮かんできても、今のポモドーロが終わってからにすると努めて意志を固めなければならない。

それぞれの事柄の内容と緊急度に目を通してみると、私たちが頭の中でどれほどいろいろなことを考えているか、つまり作業に集中するのがどれほど難しいことであるかがわかる。内的中断を引き起こしうる原因の数と種類の多さは、作業に集中できないのではないかという自分自身の不安の表れである場合も少なくない。

このような事柄には、後から見るとまったく緊急ではないと思えるものも多い。1回のポモドーロや1つの作業、あるいは1日が終わった後、自分が緊急や重要の印を付けた事柄に別の形で対処できることに気づくことになるだろう。

- 「仕事の在庫」リストに移す。自転車選びは明日でいいだろう。
- 長い休憩の間に済ませる。ジャズコンサートのネット検索がそうだろう。
- 消せるものもある。マークは本当にピザと春巻き、北京ダックを一緒に注文したいのか。どちらも注文せず、夜になってから食べればいいということになるかもしれない。

後からリストを見ると、別の目で見直すことになる。新しい見方に自分で驚くこともある。本当に緊急の用件は必ず「今日やること」シートに入る。

ポモドーロ・テクニックの目的は、いま取りかかっているポモドーロがそうした用件によって中断されないようにすることにある。次のような方法で、そうした用件に対処できる。

●次のポモドーロでする予定だった事柄と入れ替える。

●その日のうちに他の事柄と入れ替えて済ませる。

●次のポモドーロ、そのまた次のポモドーロというように、その日の最後まで先送りしていく。こうすることで、本当に緊急なものの見極めがついてくる。

予定外の緊急の用件をその日のうちに済ますことができたら、シートの中のその項目を横線で消す（図16参照）。

ここまで説明してきたケースは、すべて中断への対処が可能なものだった。ポイントは、別のポモドーロに移せないかをまず考えてみることだ。

誘惑にあらがいきれずに、あるいは本当に緊急の用件が飛び込んできて、ポモドーロを中断しなければならない場合、できることは1つしかない。たとえ終了間際であっても、今のポモドーロを無効にすることだ**（ルール：ポモドーロは分割できない）**。

そして、中断したポモドーロを記録に残すために、シートの当該項目にアポストロフィを書き加える。言うまでもないが、終了していないポモドーロに「×」印を付けることはできない。中断後に5分間の休憩を取り、新しいポモドーロを始めるのだ。

次のポモドーロはもっとうまくいくはずだ。

中断を減らすうえでの最初の目標は、内的中断の数と種類を自覚すること

今日やること

the Pomodoro TECHNIQUE

名前：マーク・ロス

日付：2018年7月12日（シカゴ）

	「音楽の学び方」という記事を書く（最大10ページ）	×’’ ×’’’’’’’’
	「音楽の学び方」を音読して推敲する	
	「音楽の学び方」を3ページに縮める	
	予定外＆緊急	
	ピザの注文	
	買う自転車を選ぶ	
	~~アジアの音楽学習に関する記事を読む~~	×
	7月のシカゴでのジャズコンサートをネット検索する	
	メールのチェック	
	中華料理の出前注文	
	デスクの引き出しの整理	
	鉛筆を削る	

図16　その日に終えた予定外の用件

だ。そうした要因を見極めて受け入れ、必要に応じて予定を組み替えたり、消去したりする。

外的中断

他の人たちと一緒に勉強や仕事をしている場合には中断が起こりやすい。一緒に勉強をしている相手から質問されたり、夕食の後に映画に行こうとか言われるかもしれない。あるいは秘書が電話を取り次いだり、同僚がリポート作成の依頼に来るかもしれない。メールの着信音がひっきりなしに鳴ることもあるだろう。では、どうすればいいのか。

外的中断に対しては、ポモドーロを「守る」能力が必要になる。内的中断と異なり、他の誰かが邪魔してきて、「今日やること」シートに「×」印を書き入れる楽しみをあなたから奪い取ろうとする。

内的中断との最大の違いは、他者を相手にする必要があるという点だ。つまり、コミュニケーションが必要になる。外的中断でも、対処のポイントになる原理は内的中断の場合と同じだ。つまり、中断を引き起こす要因に振り回されず、自分が要因をコントロールする状況にすることだ。

具体的にどうする必要があるのか、いくつか例を挙げて説明しよう。

かかってくる電話は留守番電話で対応できる。後でメッセージを聞けばいい。メールも、着信音を切っておくだけで気が散ることはなくなる。同僚や一緒に勉強している相手が寄ってきたら、今は手が離せないので後にしてほしいと丁寧に言えばいい（ユーモアを利かせて「いまポモドーロの最中なので」と言う人もいる）。

そして、用件の緊急度や重要度に応じて、相手に25分後か2～3時間後、あるいは明日連絡するからと言う。経験的に言って、日常生活で今すぐしなければならないという本当に緊急な用件はごく少ない。急ぎの用件といってもたいていの場合、25分か2時間（4回のポモドーロ）の先送りはできる。この程度なら相手を困らせることにはならないし、自分が集中を続けて作業を終わらせられるという大きなメリットにもつながる。

実際に経験を重ねていくうちに、急ぎの用件でも実際には翌日でも相手を満足させられることが多いという点に気づくはずだ。

このように、**ポモドーロを守る**ということは、中断を防ぐために端的に事情を話して素早く予定を組み替え、その予定どおりに相手に連絡することを意味する。

この「伝達・交渉・再連絡」ストラテジー（戦略）によって、外的中断をコントロールできる。緊急度に応じて、その日のうちの後のポモドーロ、あるいは翌日に繰り延べる。これが、中断に振り回されるのではなく中断をコントロールする仕組みだ（つまり、その用件に別のポモドーロを振り分けるようにする）。

ポモドーロ・テクニックの実践を始めた人たちから、よくこんなことを聞かされる。1回のポモドーロ（25分間）のうちに10回、あるいは15回も外的中断の要因にさらされることがある——。

しかし、あなたが単に先延ばしをしているのではなく、約束どおりに後で連絡してくれるということがわかるようになれば、相手も「ポモドーロを守る」ことに理解を示してくれるはずだ。仕事や勉強でポモドーロ・テクニックを実践している人に接して、時間の大切さを本当に知っている人だと感じたと言う人が多い。

具体的な方法としては、外的中断への対処も内的中断の場合と同様、次の2つの側面で対処する。

1. 中断を明確に視覚化する。誰か、あるいは何かにポモドーロを邪魔されそうになったら、「今日やること」シートの項目欄にダッシュ（ー）を付記する。

2. どうするかを決める。次のうちの1つを選ぶことができる。

●その日のうちにしなければならない用件であれば、「今日やること」シートに「予定外&緊急」として記入し、左側の欄に約束した期限を書き入れる。

●「仕事の在庫」シートに記入し、左側の欄に「U」（unplanned＝予定外）と期限を書き入れる。

●今しているポモドーロを完了させるという意志を新たにする。ダッシュを書き入れたら、タイマーが鳴るまで作業を続ける。

こうすることにより、自分が固めていた決意を改めて思い起こし、ポモドーロを中断させずに日常的な外的中断の要因を見極めることができる。

それでは次に、「『音楽の学び方』という記事を書く」の2回目のポモドーロにお

今日やること

the Pomodoro TECHNIQUE

名前：マーク・ロス
日付：2018年7月12日（シカゴ）

	「音楽の学び方」という記事を書く（最大10ページ）	×--
	「音楽の学び方」を音読して推敲する	
	「音楽の学び方」を3ページに縮める	
	予定外＆緊急	
(15:40)	記事の初稿をルークにメールで送る	

図17　予定外の緊急の用件

仕事の在庫

名前：マーク・ロス

	……	
u（7月13日）	マエストロ・ネリに取材のアポ取り	
	……	

図18　期限がある予定外の用件

いて外的中断に対処する2つの方法を示す（図17、図18参照）。

意志がくじけてしまったり、本当に緊急の用件が飛び込んできたりして、どうしてもポモドーロを中断しなければならない場合、すべきことはただ一つだ。たとえ終了間際になっていても、今のポモドーロを無効にすることだ**（ルール：ポモドーロは分割できない）**。

ポモドーロが中断されたことを記録に残すために、シートにダッシュを書き入れ、その用件を「予定外&緊急」の項目として記入し、期限を付記する。そして、その緊急の用件のための最初のポモドーロに入る。

次のポモドーロはもっとうまくいく。

中断を減らすために達成すべき第二の目標は、外的中断の頻度と種類を自覚すること。緊急度に応じて、どう対処するか、どのように予定に入れるかを決める。

組織的な中断

ポモドーロ・テクニックの実践において、内的・外的中断に一貫して対処するうえでまず必要になるのが、組織上の用件（メール、電話、会議など）のためのポモドーロを確保することだ。

最も自然なのは、毎日1つ（必要なら複数）のポモドーロを緊急の用件に対処するために確保しておくことだ。上述した「ポモドーロを守る」ための方法は、中断を引き起こす要因をコミュニケーションのためのポモドーロにつなげることに役立つものだ。

ここでは次のことが指針となる。

- この種のポモドーロはできるだけ先に延ばす。見かけ上の緊急度に振り回されず、本当の必要性を見極めたうえで予定を組み替える。
- 緊急の用件によるポモドーロの中断を徐々に減らしていく。

ポモドーロ・テクニックの実践を始めて、仕事や勉強のポモドーロの数（中断されなかったもの）と、組織上の用件のために充てられたポモドーロの数（その一部は中断に対処するためのもの）を数えてみると、たいてい驚くことになる。

1つのチームの中で、メンバー1人当たりの仕事のためのポモドーロの数が1日2〜3つにしかならない場合もある。残りのポモドーロは会議や電話、メールに使われているのだ。

記録――計画上の見込み違いの頻度を見通す

毎日の活動の「記録」と「仕事の在庫」シートで「U」を付けた事柄、「今日やること」シートの「予定外&緊急」の事柄を見返すようにしよう。そうすれば、あなたは予定を立てる段階で、特定の目的を達するための最も効果的な活動の数と種類を見極める力を自己評価できるようになる。予定外の仕事の数が多いほど、最初の見通しが甘かったということになる。

このようにして、予定外の用件の数に見当をつけられるようになっていく。「記録」シートに内的・外的中断の数を記入し、それを最小限に減らしていくという方法を取ることもできる。

目標 III

必要な労力を見通す

ここまでの2つの目標を達成できたら、数量的な見通しを立てることに進める。ここでの長期的な目標は、日々の作業に必要な労力を見通せるようになることだ。「仕事の在庫」シートには、終える必要のあるすべての事柄が記されている。そうした事柄は計画を立てる時点（つまりプロジェクトの開始時点）で見極めをつけ、自分の目標を達成するうえでそれぞれをどう片付けていくのか、中断にどう対処していくのかを考える必要がある。

時間の経過とともに不要になる作業もある。そうした事柄は「在庫」シートから削除できる。1日を始める前に、「在庫」シートのそれぞれの事柄に何回のポモドーロが必要なのかを考えてみる。そして見込み回数をシートに記入する（図19参照）。

この数字は、特定の人数で1つの活動を終えるのに必要なポモドーロの数だ。したがって、これが労力を表す指標となる。ただし、これから説明する単純な事例で挙げていくのは、すべて1人で作業をする場合のポモドーロの数だ。

仕事の在庫

名前：ルーシー・バンクス

	……	
	第4章の熱力学に関する問題に答える	2
	熱力学の法則をマークにもう一度聞かせる	3
	熱力学の法則のまとめを書く	3
	ローラに電話：熱力学のセミナーに呼ぶ	
	マークに電話：ノートパソコンをすぐに返してもらう	
	アンドリューに電話：コンサートのチケットを買う？	
	ニックにメール：24ページの演習2のやり方を聞く	
	……	

図19　１日の見通し

1日の見通しは必ず、完全なポモドーロを単位とする。したがって、5・5ポモドーロといったことにはならない。6ポモドーロが1日の目安だ。見通しが5〜7ポモドーロの範囲を超えた場合には、複雑すぎることを片付けようとしているということになる。

それをいくつかの作業に分割し、それぞれに必要な労力を見極めたうえで「仕事の在庫」シートに記入する。**「5〜7ポモドーロを超えるものは分割する」**というのがルールだ。

そうすることで、作業の複雑さが減ると同時に、より正確に見通しが立つようになる。単に細かく分割するだけでなく、徐々に作業量を増やしていく形にすると効果がさらに高まる。

用件が1ポモドーロに満たない場合（たとえばマークやアンドリューへの電話）には、同種の用件をまとめて1ポモドーロになるようにする。**「1ポモドーロに満たないものは組み合わせる」**というのがルールだ。

したがって、1ポモドーロ未満の作業には次の2つの方法で対処することになる。

●「仕事の在庫」シートから同種の作業をまとめて1ポモドーロにする（図20参

仕事の在庫

the Pomodoro TECHNIQUE

名前：ルーシー・バンクス

	……	
	第4章の熱力学に関する問題に答える	2
	熱力学の法則をマークにもう一度聞かせる	3
	熱力学の法則のまとめを書く	3
	ローラに電話：熱力学のセミナーに呼ぶ	
	マークに電話：ノートパソコンをすぐに返してもらう アンドリューに電話：コンサートのチケットを買う？	1
	ニックにメール：24ページの演習2のやり方を聞く	
	……	

図20　1ポモドーロ未満の用件

照）。

●「今日やること」シートをまとめるときに別の作業と組み合わせる。

ここで思い出すべきポイントとして、「仕事の在庫」シートの利点の一つは、「今日やること」シートが作成しやすくなることだ。「在庫」が多ければ、それだけ同種のものを見つけやすくなる。

「仕事の在庫」シートの変更に必要なのは消しゴムと鉛筆だけ。

1日のポモドーロの枠

それぞれの作業に必要なポモドーロの数を割り出したら、その1日に取れるポモドーロの数を超えないように組み合わせを決める。そして、それを「今日やるこ

今日やること

名前：ルーシー・バンクス

日付：2018年7月12日（シカゴ）

使えるポモドーロ：8

	第4章の熱力学に関する問題に答える	□□
	熱力学の法則をマークにもう一度聞かせる	□□□
	熱力学の法則のまとめを書く	□□□

図21　見込みのポモドーロ数

と」シートに記入する。

図21は、7月12日のポモドーロの枠が8つであることを示している。その範囲内に収まるように事柄を選び、さらに必要があれば組み合わせる（**ルール：1ポモドーロに満たないものは組み合わせる**）。

選んだ項目を重要度の順に「今日やること」シートに記入する。そして、それぞれに必要なポモドーロの数を右の欄に「□」印で書き入れる（図21参照）。

ここで9つ以上のポモドーロをまとめ上げるのは無意味だ。その余りの部分については、1日のポモドーロ全体を終えてから考えるようにする。そし

今日やること

the Pomodoro TECHNIQUE

名前：ルーシー・バンクス

日付：2018年7月12日（シカゴ）

使えるポモドーロ：8

	第4章の熱力学に関する問題に答える	☒☐
	熱力学の法則をマークにもう一度聞かせる	☐☐☐
	熱力学の法則のまとめを書く	☐☐☐

図22　最初のポモドーロの完了

今日やること

the Pomodoro TECHNIQUE

名前：ルーシー・バンクス

日付：2018年7月12日（シカゴ）

使えるポモドーロ：8

	~~第4章の熱力学に関する問題に答える~~	☒☒
	熱力学の法則をマークにもう一度聞かせる	☐☐☐
	熱力学の法則のまとめを書く	☐☐☐

図23　見込みどおりのポモドーロ数で完了した作業

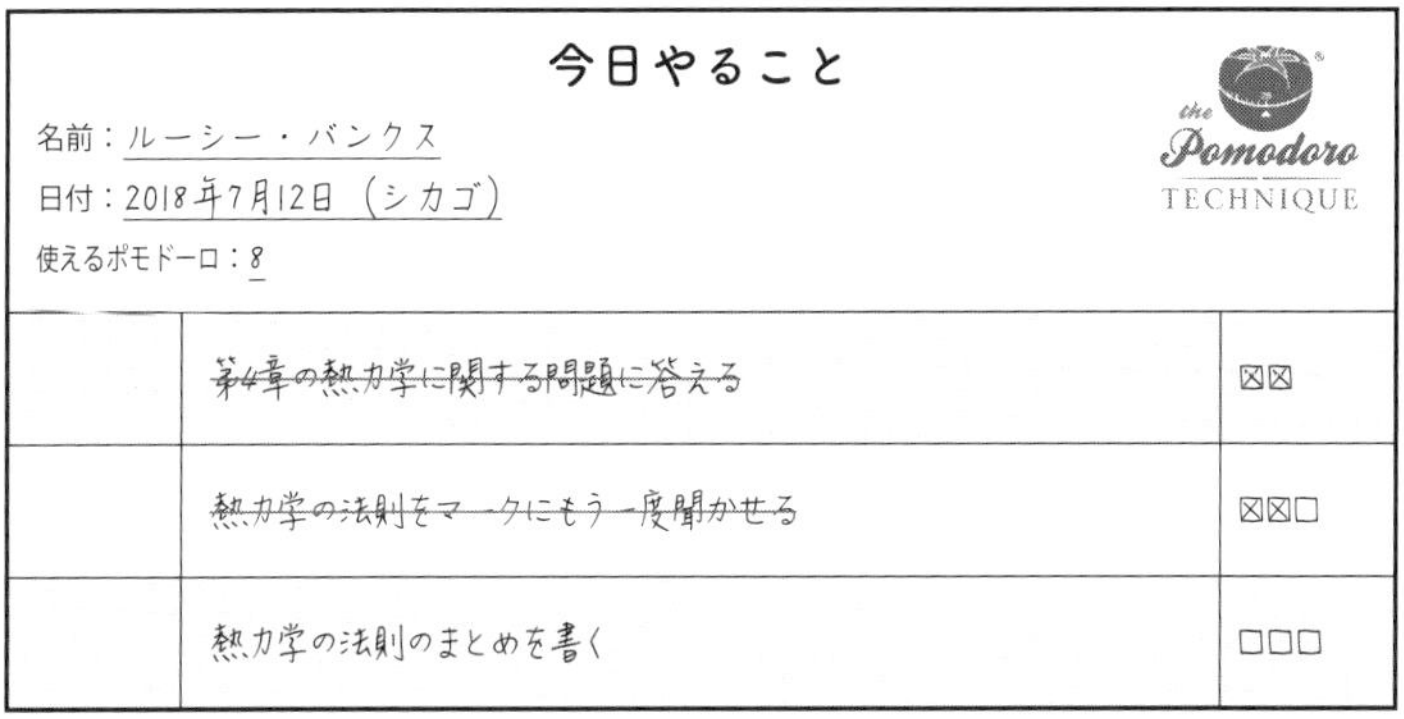
今日やること

名前：ルーシー・バンクス

日付：2018年7月12日（シカゴ）

使えるポモドーロ：8

	~~第4章の熱力学に関する問題に答える~~	☒☒
	~~熱力学の法則をマークにもう一度聞かせる~~	☒☒□
	熱力学の法則のまとめを書く	□□□

図24　見込みが過大だった場合

て翌日のポモドーロの数に従い、それと組み合わせる事柄をまた「仕事の在庫」シートから選び出す。

大まかなシナリオ

タイマーをセットし、シートの最初の項目に取りかかる。タイマーが鳴ったら、その右欄の「□」の中に「×」印を書き入れる（図22参照）。

見込みどおりのポモドーロ数で作業を完了したら、その項目を横線で消す（図23参照）。

見込みよりも少ないポモドーロで作業が完了した場合（見込みが過大だった場合）も、やはりその項目を横線で

今日やること

名前：ルーシー・バンクス

日付：2018年7月12日（シカゴ）

使えるポモドーロ：8

	~~第4章の熱力学に関する問題に答える~~	☒☒
	~~熱力学の法則をマークにもう一度聞かせる~~	☒☒□
	熱力学の法則のまとめを書く	☒☒☒×

図25　見込みが過小だった場合

消す（図24参照）。

見込んだ数のポモドーロで作業が終わらなかった場合（見込みが過小だった場合）には、次の2つのどちらかの方法で対処できる。

●見通しを立て直さずに、そのまま次のポモドーロに入って作業を続ける。図25は、もう1回のポモドーロで作業が完了した場合を示している。

●ポモドーロの見通しを立て直し、必要な数だけシートの「□」印の横に別の色または形で書き加える。

こうすることによって、見込みの

今日やること

名前：ルーシー・バンクス
日付：2018年7月12日（シカゴ）
使えるポモドーロ：8

	~~第4章の熱力学に関する問題に答える~~	☒☒
	~~熱力学の法則をマークにもう一度聞かせる~~	☒☒☐
	~~熱力学の法則のまとめを書く~~	☒☒☒○○

図26　２度目の見通し

精度を確認できる（図26参照）。

次の図27でわかるように、「まとめを書く」は4回のポモドーロで完了した。最初に立てた見通しの3回（見通しが過小だった）と、2度目の見通しの2回のうちの1回（見通しが過大だった）だ。

1つの作業が8ポモドーロ以上になることは通常ないので**（ルール：5～7ポモドーロを超えるものは分割する）**、見通しを立てる回数が4回を超えることはまずない。

3度目の見通しが必要になった場合には、なぜ見通しを立てることがこれ

今日やること

名前：ルーシー・バンクス

日付：2018年7月12日（シカゴ）

使えるポモドーロ：8

	~~第4章の熱力学に関する問題に答える~~	☒☒
	~~熱力学の法則をマークにもう一度聞かせる~~	☒☒☐
	~~熱力学の法則のまとめを書く~~	☒☒☒⊗○

図27　２度目の見通しを立てた作業の完了

ほど難しくなったのか、慎重に振り返って考える必要がある。

見込みを記録する

このように数量的な見通しを立てられるようになったら、「記録」のシステムをさらに高度化できる。ここでは次のような事柄が目標となる。

- 予測の精度を測るために、それぞれの作業について見込みと実際のギャップ（予測の誤差）を割り出す。
- 見通しの立て直し（2度目または

記　録

名前：ルーシー・バンクス

日付	時刻	種別	作業	見込み	実際	誤差
2018/7/12	10:00	勉強	第4章の熱力学に関する問題に答える	2	2	0
2018/7/12	11:30	反復	熱力学の法則をマークにもう一度聞かせる	3	2	-1
2018/7/12	14:00	要約	熱力学の法則のまとめを書く	3	4	1

図28　最初の見通しで完了した場合

記　録

名前：ルーシー・バンクス

日付	時刻	種別	作業	見込み	実際	誤差 I	誤差 II
2018/7/12	10:00	勉強	第4章の熱力学に関する問題に答える	2	2	0	
2018/7/12	11:30	反復	熱力学の法則をマークにもう一度聞かせる	3	2	-1	
2018/7/12	14:00	要約	熱力学の法則のまとめを書く	3+2	4	1	-1

図29　最初と２度目の見通し

3度目の予測）が必要になったケースをまとめる。

この段階で「記録」シートを修正する必要がある。個々のケースに応じて、見込みのポモドーロ数と実際のポモドーロ数、そして誤差をシートに記録する。この情報の視覚化には2つの方法がある（図28、図29参照）。

結果の表示には数々の方法があるが、基本的には「記録」シートと簡単な計算で間に合う。複雑な計算をしようと思えば、データベースやスプレッドシート、特定のソフトウェアという方向に進んでいくことになる。

覚えておくべきポイントとして、記録の作業はできる限りシンプルにしたほうがいい。

量的な予測の精度を高めるうえで最初の目標となるのは、3度目の見通しを立てずにすむようにして、全体の誤差を小さくすることだ。

次の目標は、2度目の見通しを立てずにすむようにして誤差を小さくすること。そして最後の目標は、最初の見通しと実際の誤差を少なくすることだ。

事前の準備

見通しを立てることができない作業もある。新しい仕事や勉強を始める際には、事前の準備が特に重要になる。参考になる資料や情報を探したり、学ぼうとするテキストの構成をつかむなどして、もっと明確に目標を立てられるようにする。このような事前の準備には「タイムボクシング」(time-boxing＝時間枠の設定)という考え方が役に立つ。

まず、事前の準備に必要なポモドーロ数を見極める。そして、そのポモドーロが完了した時点で、作業の計画を立てるか、実際に作業に取りかかる。あるいは、下調べを続けて、もっと方向性をはっきりさせるということもありうる。

目標Ⅳ

ポモドーロの効果を高める

中断させることなくポモドーロを予定どおりに実行し、見通しも正確に立てられるようになったら、さらにポモドーロ・テクニックを高めていける。

ポモドーロの構成

最初のレベルアップはポモドーロの構成だ。新しいポモドーロに入る際、最初の3〜5分間をそれまでに学んだことの復習（直前のポモドーロで学んだことだけでなく）に充て、記憶に定着させるようにする。そして、最後の3〜5分間をそのポモドーロで学んだこととの復習に充てる（できれば最後から最初へと逆順にたどっていく）。25分間というポモドーロの単位は変えない。最初と最後の3〜5分間をこのように使うことで、そのインターバルがリズムとして体に染みついていく。これが難しいと感じられるようなら、まだ基本的なポモドーロ・テクニックが身についていない可能性がある。

ポモドーロの最後の数分間で、それまでの成果を振り返ることができる。作業の質や方法について確認し、改善できる点を突き止めたいのであれば、そのこと自体に1つか2つのポモドーロを充てるべきだ（大まかに振り返ることは、その日のポモドーロについて記録するときにできる）。

ポモドーロのセットの構成

第二のレベルアップは、4回ごとのポモドーロのセットの構成だ。上述したのと同じように、セットの最初のポモドーロか、その最初の一部分をそれまでのおさらいに使うことができる。

同様に、最後のポモドーロの全体または一部分も反復に使える。自分で声に出したり、パートナーやチームのメンバーと話しながらすると、おさらいや反復の効果が高まる。このように一定の方法でおさらいや反復をすることにより、「オーバーラーニング（過剰学習）」の効果が生まれて新しい知識の獲得が促される。

目標Ⅴ　予定表の作成

予定を立てて守ることの重要性を軽んじてはならない。それには一連の理由がある。

●予定表によって期限が定まる。その期限は私たちを具体的な行動に駆り立てる（本当に守らなければならないという意識がある場合）。時間内に仕事を完了させることに最善を尽くそうとすることへの動機付けになる。ポモドーロのタイマーが鳴るときにも、それと同じことが起こる。

●予定表によって、仕事の時間と自由時間が区切られる。後者は、目標や計画のない活動のための時間と言える。この余暇の時間は心の糧になる。それがないと創造性や関心、好奇心が失われ、エネルギーが減る一方になってしまう。ガソリンがなければエンジンは動かない。

●予定表によって、その日の成果が測られる。「今日やること」シートへの記入が終わったら、それぞれの事柄を時間内に最高の形で完了することが目標となる。

時間切れになってしまった場合には、どこに問題があったのかを見定めるようにする。その一方で、かけがえのない情報が得られる。すなわち、その日に完了できたポモドーロの数だ。

ポモドーロ・テクニックでは、浪費された時間の算出は重要ではない。重要なのは、完了できたポモドーロの数だ。完了できたポモドーロをシートに記録し、その数をふまえて翌日の予定を立てることになる。

予定表に関して最も生じやすい問題は、予定表の重要性を軽んじてしまうことだ。これは陥りやすい大きな罠だ。たとえば午後3時の時点で、時間を無駄にしてしまって見込みどおりの成果が上がっていないとする。あなたは自分にこう言い聞かせる。

「今日は遅くまでやって、無駄にした分の時間を取り戻そう」

ヒロイズムと罪悪感が入り交じるなかで、あなたは予定表の終わりの時間を破ってしまう。その結果、今日の夜も明日の夜も、そして明後日の夜も能率が下がることになる。時間の後倒しが増えるほど成果は下がり、その一方で罪悪感が増していく。

なぜ、そうなるのか。ヒロイズムが足りないからか。仕事の名の下に自分の時間を犠牲にすることで、罪悪感は薄れるはずではないのか。

実際には、そこから生まれるのは危険な悪循環だ。終了時間の延長で疲労が増し、能率が下がり、そしてまた終了時間が後にずらされる。何よりも重要なのは予定表の時間を守ることだ。

予定表は、様々な種類の活動に時間枠を当てはめることででき上がる。その時間割を守ることによって、「あと5分」症候群に対する免疫が高まっていく。予定表の最後の時刻が来たら、つまり最後のポモドーロのタイマーが鳴ったら、すべての活動は終了する。

1つのポモドーロで時間前に作業が完了した場合にも、同じルールが当てはまる。

常に予定表がポモドーロに優先するのだ。

重要な仕事の期限が迫り、働く時間を延ばさなければならない状況になることもある。このような場合、一時的に能率が上がることもある。

上述した悪循環を避けるには、原則として「残業」を5日以上続けないことだ。特別態勢の予定表はこの範囲内にとどめ、必ず伴うことになる能率の低下に対処するために、回復期間を設ける必要がある。

最善のシナリオ

8時30分~13時、14時~17時30分という予定表で、いま8時30分だとする。アルバートは最初のポモドーロのタイマーをセットした。このポモドーロを昨日の復習と「今日やること」シートの記入（つまり予定を立てること）に使うこともできる。さらに必要な物がそろっているかデスクの上を確認し、それを整理することもできる。そこでタイマーが鳴り、シートに「×」印を書き込んで5分間の休憩を取る。

次のポモドーロが始まる。実際に作業をする最初のポモドーロだ。次の2回のポモドーロも同様だ。こうして4回のポモドーロの1セットが終わり、長めの休憩に入る。

アルバートは、これから作業がきつくなると思い、15分ではなく20分の休憩を取った。そして、タイマーをセットした。こうしてまた4回のポモドーロのセットが終わり、腕時計を見ると12時53分になっている。デスクの上を片付けて、ファイルするペーパーを整理し、「今日やること」シートへの記入を終えて、アルバートは昼食に出かけた。

14時前にアルバートはデスクに戻り、タイマーをセットして再び仕事を始めた。最初のポモドーロと次のポモドーロの間に休憩はほとんど取らなかった。

しかし、4回目のポモドーロが終わると疲れが出てきた。まだいくつかポモドーロが残っている。十分に休憩を取りたい。頭を仕事から切り離そうと散歩に出た。

そして30分後、タイマーをセットして新しいポモドーロに入った。タイマーが鳴り、また休憩。最後のポモドーロは、この日のおさらいと「記録」シートへの記入、改善のためのメモ書き、翌日の「今日やること」シートの作成、デスクの整理にとってある。

そのポモドーロが終わり、腕時計を見ると17時27分だった。後片付けを済ませる。そして17時30分、自由な時間が始まった。

このシナリオについて、2つの点を指摘したい。

●実際に作業をするポモドーロの数と、仕事／勉強の時間数は一致しない。7時間の仕事／勉強のうち、2つのポモドーロ（1時間）は整理上の作業に充てられ、実働は12ポモドーロ（6時間）となる。

●ポモドーロ・テクニックにおいては、時刻そのものは常に2次的要素となる。午前や午後の終わりはポモドーロによって区切られる。

予定表はポモドーロのセットで区切るほうがいい。休憩を挟むポモドーロが基準となるので、時刻そのものは意味をもたない。この事例での予定表は、「1＋3」、「4」：「4」、「1＋1」となる。

中断が入った場合

上述のシナリオで、第2セットの2つめのポモドーロに中断が入ったとする。中断せざるを得ない状況は起こりうる。そのポモドーロは無効となる。

アルバートが仕事に戻れたのは12時20分だった。後はもう前半最後のポモドーロが残っているだけだ。気持ちを落ち着かせて集中を高めるために、少し休憩を取ることにした。そしてタイマーをセットし、そのセットの2つめのポモドーロに入った（最初のポモドーロは中断した）。

午後になって3つめのポモドーロが終わったとき、アルバートは3〜5分間よりも長い休憩が必要だと感じ、30分散歩することにした。出かける前に最後のセットの予定を修正し、2つだったポモドーロを1つに減らして整理上の作業に充てることにした。それで時間が余ったら、デスクの片付けとメールのチェックをするつもりだった。

散歩から戻ったのが16時47分。タイマーをセットしてポモドーロに入り、タイマーが鳴るまで作業を続けた。あとは自由な時間だ。

予定表の最適化

1日はいくつかのポモドーロからなる。1日の成果を高めるために、予定の立て方をどう工夫するべきか。それには観察とフィードバックを繰り返すことが求められる。その目的は、一定の活動の継続という概念をできる限り強めることだ。

1日をすべて勉強に充てられるという場合、たとえば8時30分～12時30分、13時30分～17時30分という予定を立てる。この場合、午前も午後も4ポモドーロと3ポモドーロのセットになる。つまり［4］［3］：［4］［3］だ。休憩の時間もそれに従う。

各セット内のポモドーロをさらにまとめることもできる。たとえば、第1セットの最初のポモドーロをその日の計画づくり、あとの3ポモドーロと第2セットの最初の2ポモドーロを新しい事柄の勉強に充て、最後のポモドーロをメールのチェックや返信、留守番電話のチェックや電話連絡などに使うことができる。

こうすることで午前中に、中断の原因となる用件に効果的に対処できる。午後の初めの第3セットは、最初のポモドーロを午前中のおさらいに、残りの3ポモドーロを新しい勉強に充てることができる。

第4セットは最初の2ポモドーロをそれまでのおさらいに、最後のポモドーロを1日を振り返る分析に使うことができる。この場合、予定表は［1＋3］［2＋1］：［1＋3］［2＋1］ということになる。

この勉強の予定表は、一般的に朝のほうが生産性が高く、昼食の直後は能率が上がりにくいという基本的な前提に基づいている。このような前提は明らかに主観的なものだ。1日の最後に予定表を振り返り、完了したポモドーロの数などの指標に基づいて、どのセットが最も能率的だったかを見分けることができる。

このような作業を毎日続けて自分自身の傾向をつかみ、それに合わせて開始時刻の繰り上げ／繰り下げやセットの増減をすることで、スケジュールを修正できるようになる。

予定表の作成でカギになるのは、自分自身で主体的に決めることだ。ここまで4回のポモドーロを1セットとしてきたのは、それが一般的に最も効果的と見なされているからだ。

しかし3回で1セット、あるいは5回で1セットとすることもできる。どちらの場合でも、1セットが終わったら15～30分間の休憩を取る。

また、異なる回数のセットを組み合わせるなど、必要に応じて予定表の組み方を変えていくことも大事だ。

一般的な経験則として、季節が変われば予定表の組み方も変える必要がある。

目標Ⅵ

改善の目標の設定

ここまで、基本的なポモドーロ・テクニックについて説明してきた。単純な記録と簡単な手順によって、それぞれの作業に要した労力を割り出し、見込みと実際の誤差を見極めるところまで進んだ。

さらに改善を重ねるのであれば、当然のことながら記録の仕方も変わっていくことになる。考えられうる指標のすべてを用いることは、もちろん実際的ではない。強化や改善に役立つ指標に絞るべきだ。

ポモドーロ・テクニックは、そうした変更に対応できる柔軟性を備えている。新たな指標を記録できるようにするために、シートに変更を加えることになる。重要になるのは、ポモドーロ・テクニックの柔軟性と重なり合う指標だ。

重要な順にポイントを挙げていこう。

1. 覚えておくべき点として、パソコンなどのＩＴ機器の利用は複雑性が増すことを意味する。紙と鉛筆、消しゴムと比べて、学習効果と柔軟性が低くなるからだ。

2. 記録は複雑さを最小限に抑えたレベルで、シンプルなツールを使って行う。紙と鉛筆と消しゴムを使うことは頭の訓練にもなる。

3. 記録は最も複雑性の低いツールを使い、シンプルなまま維持する。スプレッドシートやデータベースを使おうとする前に、紙と鉛筆と消しゴムで効率を高める方法がないか考えてみる。特別なソフトウェアを使おうとする前に、スプレッドシートやデータベースで記録する効果的な方法を考える。

4. データの処理と視覚化が難しくなったと思ったら、まとめている指標が本当にすべて必要なのか自問してみる。本当に必要であるのなら、スプレッドシートやデータベース、あるいは特別なソフトウェアを利用する。
シンプルな「エクセル」シートでも活動の再分類、キーワードによるふるい分けやグループ分け、選択した活動に関する計算をすることができる。

今日やること

名前：マーク・ロス

日付：2018年7月12日（シカゴ）

	「音楽の学び方」：記事の執筆（最大10ページ）	
	「音楽の学び方」：音読して推敲	
	「音楽の学び方」：3ページに凝縮	

図30　「今日やること」シート

5. 複雑化を防ぐ最も強力な武器になるのは、想像力である。

前出の「『音楽の学び方』という記事を書く」という仕事を例に取ろう。これは単一の目標で、一連の作業によって達成される。

しかし、複数の目標を同時に進めることを考えなければならない場合もある。その場合、それぞれの目標をどう区別すればいいのか。

状況によっては、作業の説明の書き方を変えることで目標を強調することができる（図30参照）。

もう一つの選択肢は、「仕事の在庫」シートと「今日やること」シート、

「記録」シートに新しく「目標」という欄をつくり、そこに説明文や略称、記号を書き込むことだ。個々の目標の達成に要した労力を算出するには、それに関連する作業に要した労力を足し合わせればいい。

目標の達成や作業の完了までにどれだけ長くかかったかを見るには、単純に完了日からシート記入日、あるいは作業の開始日までさかのぼればいい。作業の完了日はもうわかっているので（「今日やること」シートに記入されている）、あとはその作業を記入した日を見ればいい。一つの作業に要した日数は「記録」シートを見ればわかる。

いずれにせよ、どの指標を追って記録するかは、どのような改善をしたいのかによって決まる。

その場合、実際の必要性によって指標は徐々に膨らんでいくが、複雑性は最小限に抑えられることになる。

REACHING YOUR TEAM GOALS

チームとしての目標達成

ポモドーロ・テクニックのチームへの応用

科学的なデータから、人類は200万年前に狩猟を始めたことが示されている。原始時代の人間が初めて、自分のプライドを脇に置いて他者に助力を求めたときのことを思わずにはいられない。大きな動物を1人で仕留めることは難しい。現代の私たちが目標とすることの大半もまた、自分だけでは難しい、あるいはできない事柄だ。私たちは他者の助けがなければうまくいかないのだ。

たとえばパートナー、家族、職場のチーム、長年の同僚、あるいは場合によって一緒に仕事をする人たち。人間はチームで取り組むことによって、たとえば遠く離れた惑星を探索したり、私たち自身のDNAを読み解いたりするのに必要な知識を獲得することができたのだ。

初めて大きな動物を仕留めようとした原始時代の人たちの姿を想像せずにはいられない。すぐにはうまくいかなかったことだろう。獲物を取り囲み、1人ずつ襲いかかっていく姿が目に浮かぶ。場当たり的で統率のない行動だったはずだ。獲物のほうがエサにありつけたとほくそ笑んでいる姿を想像してしまう。

チームが「目標の餌食」になってしまうことが起こりやすい

私たちがチームで取り組む場合、目標は複雑になりやすい。目標が複雑になるほど、想定外の事態や緊急の作業を伴いやすくなり、遅れや中断の影響が大きくなっていく。

目標が複雑になれば、より多くの人と協力することが必要になる。そして、関与する人――チームのメンバーや外部のコンサルタント、取引先など――が増えれば、中断や遅れが生じやすくなる。

チームとしての時間管理の戦略――時間が問題になった際にチームとして効果的に行動できるようにする戦略――をもたないと、チームのメンバーが不安や恐れを感じるようになる。

たとえば、今日中にセールスリポートを上司に提出しなければならないとする。それにはチームの全員から担当報告を受ける必要がある。

アンジェラは時間がかかるデータ分析、マークは最上級の顧客からのフィードバックの集約を担当している。あなたもチームもすべてに関して計画を立てていたし、目標も達成可能なものだ。

ところが、想定外のことが起きている。アンジェラはデスクにいない。連絡をしてもらったが、すぐには戻れないという。マークは顧客の一部と連絡が取れずに苦労しているが、そのことをあなたに報告せず、自分でなんとかしようとしている。

このリポートは本当に重要なもので、あなたはチームのメンバーを信頼している。しかし、夕方の5時になってアンジェラとマークが間に合わないと言ってきたら、あなたはどう思うだろうか。これからも2人を信頼し続けるだろうか。

この状況をさらに厄介にしているのは、アンジェラもマークもまじめに取り組んでいたという点だ。問題は、2人が効果的な時間管理の戦略をもっていなかったことにある。

このような状況はフラストレーションをもたらす。不安はチームの雰囲気に広がる。怒りがこみ上げてくるかもしれない。メンバー同士が責め合い、チーム内の信頼が崩れ始める恐れもある。摩擦も生じる。目標、非難、不信という悪循環に陥ったあげく、チームは緊張と不安、フラストレーションの空気に包まれる。

チームがこのような状態に行き着いたら、もう「目標の餌食」になってしまったということだ。

ポモドーロ・テクニックはチームの目標達成にどう役立つか

ストレスも摩擦もなく、チーム全員が満足できる形で午後5時までにセールスリポートを提出できるようにするために、ポモドーロ・テクニックをどう生かせるのか。

ポモドーロ・テクニックのような時間管理の戦略をチームとして用いることには、次のようなメリットがある。

- チームメンバー間の摩擦を減らせる
- 不要な会議を減らせる
- チームを中断から守れる
- チームとして予定どおりに目標と活動を果たせる

これからのセクションで、ポモドーロ・テクニックがチームにもたらすメリットについて見ていくことにする。

まず必要になるのは、ポモドーロ・テクニックのツールとプロセスの修正および拡大だ。ツールはタイマーと一連のシートで、その活用が目標達成へのプロセスとなる。「何をいつするか」という問いの答えになるのがプロセスだ。

たとえばタイマーが鳴ったとき、あるいは中断が起こった場合に、どうすればいいのか。プロセスを支えるのは、「5〜7ポモドーロを超えるものは分割する」というルールや「連絡・交渉・再連絡の戦略」だ。

最初に、ポモドーロ・テクニックのツールをチームに応用する方法について説明する。そしてそのうえで、生産性を高めるための新しいルールと実践法に焦点を合わせる。それでは、さっそく始めよう。

ポモドーロ・テクニックのツールをチームに応用する

ポモドーロ・テクニックには6つの目標がある。

1. 作業に必要な労力を見極める
2. 中断を減らす
3. 作業に必要な労力を見通す
4. ポモドーロの効果を高める
5. 予定表を作成する
6. 改善の目標を定める

「個人としての目標達成」のセクションで、あなたが個人として、これらの目標をどのように達成すればいいかを示した。しかし、私はチームの生産性を高めるための指導もしている。ポモドーロ・テクニックをチームのニーズに合わせるにはどうすればいいか、という質問も多く寄せられている。

ポモドーロ・テクニックのツールをどう変える必要があるのか。私があなたのチームの一員として、そうした質問にここで答えられることをうれしく思っている。さっそく始めよう。

チームの各メンバーがそれぞれポモドーロを実践するのか、それともチーム全体のためのポモドーロがあるのか

1つのマイクロチームに1つのポモドーロがルールだ。

マイクロチーム（小チーム）単位で、それぞれがポモドーロを実践・管理する。

マイクロチームとは何か

マイクロチームとは、特定の期間に1つの活動をするチームのことで、人数に制限はない。

たとえば、3人のチームで1つの目標を達成する必要がある場合、2人が同じ作

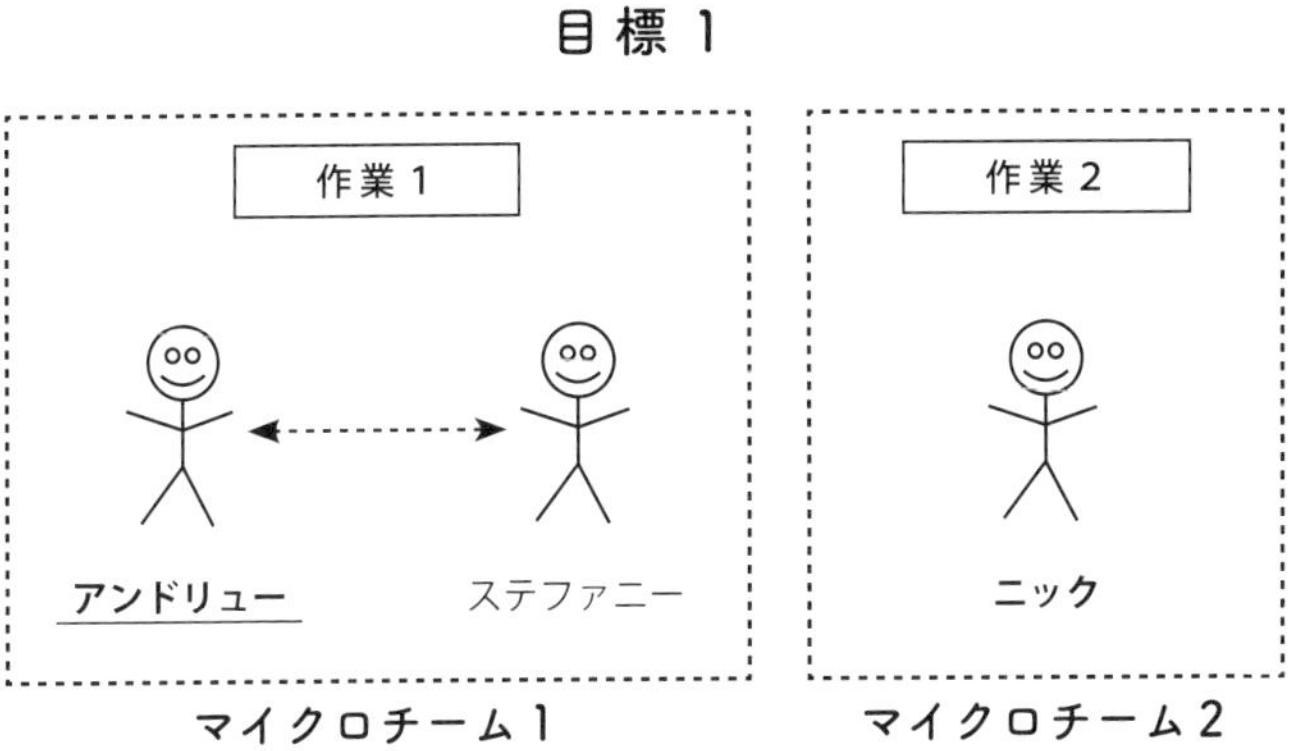

図31　マイクロチーム

業に取り組み、もう1人は別の作業をするという局面になるかもしれない。その間、このチームは2つのマイクロチームになっている（図31参照）。

これからの図の中で、名前にアンダーラインが付いている人は、そのチームの「目標」達成の責任者であることを示す。

名前が太字で書かれている人は、それぞれの「作業」の責任者だ。その人はマイクロチームの責任者でもある。点線で結ばれた矢印は個人間の相互作用を示す。

それぞれの作業はマイクロチームによってなされる。マイクロチームの大きさは、1人からチーム全員までの幅

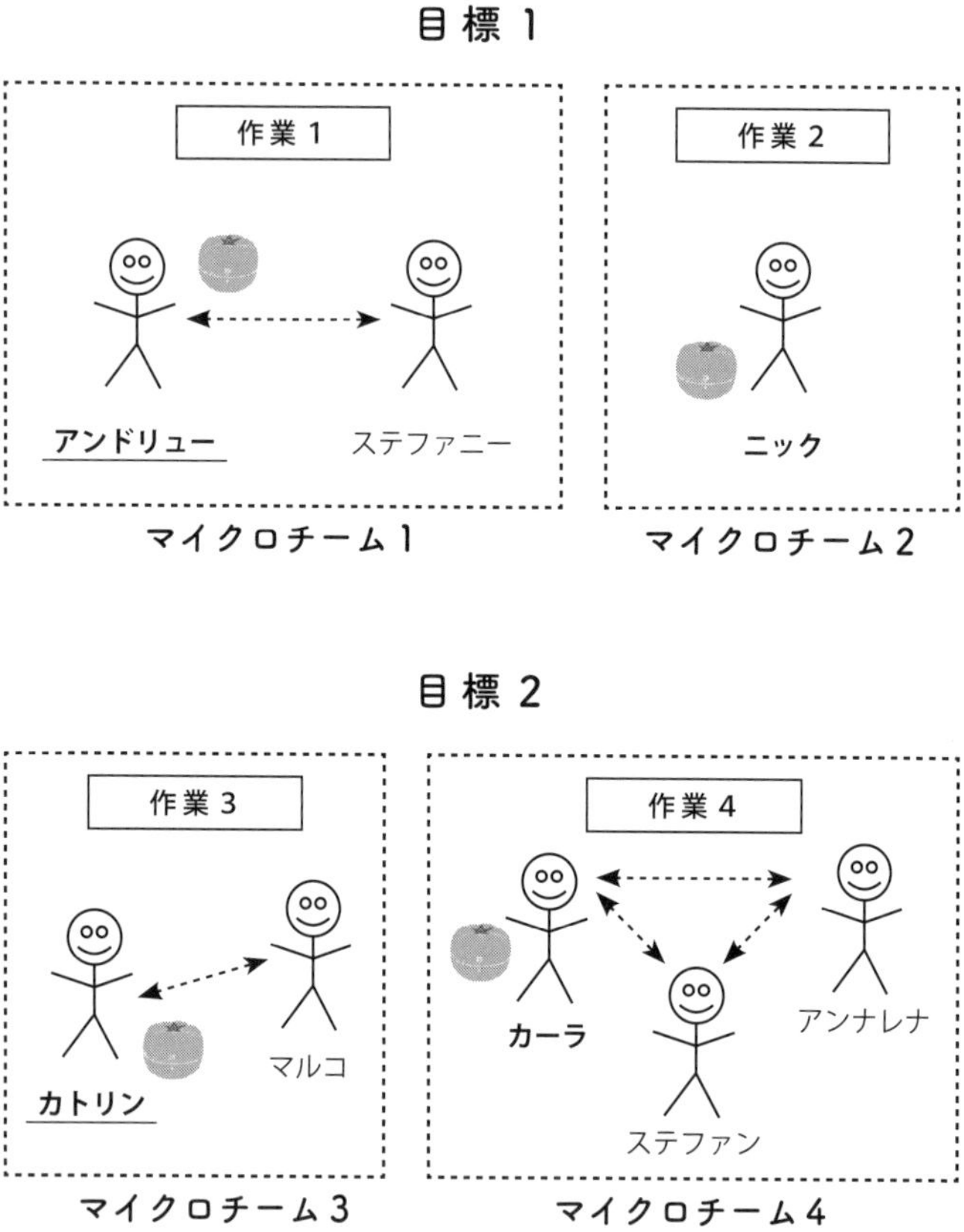

図32　目標とマイクロチーム

がある。

1人である場合には、その人が作業とマイクロチームの両方に責任をもつ。図32は、8人チームの1日のある時点でのポモドーロの状態を示している。このチームは2つの目標に取り組んでいる。

第一の目標は、3人のメンバーが2人のマイクロチームと1人のマイクロチームに分かれて取り組んでいる。第二の目標は、5人のメンバーが2人と3人のマイクロチームで取り組んでいる。

1つのマイクロチームに1つのポモドーロというルールに従って、マイクロチームが取り組んでいるそれぞれの作業がポモドーロで進められていく。

なぜ、すべてのチームメンバーを1つのポモドーロにしないのか

休憩は、ポモドーロ・テクニックの最も重要な要素の一つだ。休憩を挟むことで、それまでに得られた情報を処理する時間ができ、解決が促される。チームで取り組む場合には、休憩がなおさら重要になる。

チーム内の効果的な協力には、メンバー全員がオープンな状態で相手の意見を聞

くこと、集中することが求められる。適切な休憩を取らないとメンバーのストレスが高まり、チーム内の効果的な相互作用が妨げられてしまう。

次のポモドーロが始まるまでの間、あるいは次のセットのポモドーロが始まるまでの間に、常に一定の時間の休憩を取ることは不可能だ。1つのポモドーロが終わった後、2分後に次のポモドーロに入ろうとするマイクロチームがある一方で、もう一つのマイクロチームは5分間の休憩を必要とするかもしれない。

休憩の長さは、それぞれのマイクロチームが決めなければならない。チームにはそれぞれのリズムがあり、取り組んでいる作業も異なり、メンバー構成やチーム内の相互作用も異なる。**次のポモドーロに入る準備が整うまでに必要な時間は、そのマイクロチームのメンバーにしかわからない。**

オートメーションの生産ラインのような「シンクロナイズド・ポモドーロ」――チーム全体やマイクロチーム、あるいは個人のタイマーを同期させること――は、それぞれのメンバーが他のメンバーと効果的に協働するのに必要な時間を取れなくなることを意味する。チーム内で横並びにしようとすると、個々のメンバーのニーズが無視されてしまうのだ。

「シンクロナイズド・ポモドーロ」を避けるべきもう一つの理由として、中断を効果的に管理する必要がある。

たとえば「マイクロチーム3」が緊急の電話で作業を中断され、うまく休憩が取れなくなった場合、他のマイクロチームもすべて作業を中断し、チーム全体がそのポモドーロを無効にするというのは無意味だ。

チーム全員がミーティングに出られるようにするには

チーム共通の予定表をつくることで、ミーティングをしたり同時に休憩を取ったりすることが可能になる。

ポモドーロを始める時間や休憩の長さは、それぞれのマイクロチームが決める。しかし、それぞれのマイクロチームのポモドーロの進行状態に関わりなく、次のルールを当てはめることが役立つ。**常に予定表がポモドーロに優先する。**

チームの全員が同時に休憩を取ることやミーティングをすることは、チームの予定表に次のように組み入れることで可能になる。

●毎日11時30分〜11時45分に「チーム休憩」を2階の休憩スペースで取る。
●毎週金曜日の15〜17時に４０１号室でチームミーティングを開く。

チームの予定表は誰がつくるべきか。これはチームメンバー全員の仕事になる。

誰がポモドーロを設定するのか。誰がポモドーロの見通しを立てるのか。誰がポモドーロの記録をするのか

それぞれのマイクロチームのリーダーが一連の作業と決定に責任を負う。

●ポモドーロを設定し、実際にポモドーロを開始する。
●ポモドーロの構成をどうするか――最初と最後の５分間をどう使うか――を決

める。
●「今日やること」シートの中の完了したポモドーロに「×」印を付ける。
●中断が起こりそうになった場合に判断を下す。
●マイクロチームのメンバーのニーズをふまえて、休憩の長さを決める。
●マイクロチームがその日に終えたポモドーロを記録する。

このような作業や判断を担うことで、仕事の完遂に対するリーダーの責任意識が高まる。

ポモドーロ・テクニックの各シートを修正する必要があるか

チームとして仕事をする場合に、ポモドーロ・テクニックの一連のシートをどのように修正するのか、そしてなぜ修正する必要があるのか、1つずつ見ていこう。

今日やること

名前：マルコ
日付：2018年9月20日（ロサンゼルス）

	~~セールスリポートのためのデータの集約~~	M:X
	~~セールスリポートのためのデータのチェック~~	MS:XX
	セールスリポートの準備	MAK:X

図33　「今日やること」シート

「今日やること」シートの修正

あなたがマイクロチームのリーダーになった場合にする必要があるのは、ただ一つ、あなたと一緒に仕事をする人（あるいは人たち）の名前をシートに書き加えることだ。

図33は、マルコの「今日やること」シートだ。マルコは月間セールスリポートをまとめようとしている。これが今週の目標だ。

このシートから、マルコは「セールスリポートのためのデータの集約」を1回のポモドーロで、「セールスリポートのためのデータのチェック」をステファンと一緒に2回のポモドーロで

記　録

日付	時刻	種別	作業	見込み	実際	誤差 I	誤差 II
2018/9/20	10:00	文書作成	セールスリポートの準備	2P 3p	5P 3p	3P -	

図34 「記録」シート

終えたことがわかる。

そして最後に、「セールスリポートの準備」をアンナレナ、カトリンと一緒に1回のポモドーロで終えた。

「記録」シートの修正

チームで仕事をする場合、「記録」シートは各メンバーのポモドーロをもとに、見込みと実際の労力を示すことになる。

たとえば、図34は2つのことを示している。第一にマルコは、「セールスリポートの準備」に必要な労力は3人（3p）のマイクロチームで2回のポモドーロ（2P）だと思っていた。第二に、実際には5回のポモドーロ（5P）が必要だった。

「記録」シートは1枚だけで、チーム全員に共有される。毎日の終わりに、担当メンバーが当日のマイクロチームの仕事についてシートに記入する。

「仕事の在庫」シートの修正

チームの活動に「仕事の在庫」シートを使う場合には、次のような単純な修正が必要となる。

- その作業の責任者の名前を書く欄を追加する。
- 何人のマイクロチームで何回のポモドーロが必要になるか、見込み数を記入する。

作業の責任者が見込みの人数とポモドーロ数を割り出す。

図35に示した事例では、カトリンが「新商品プレゼンのスライドの準備」の責任者で、2人で4回のポモドーロが必要という見通しを立てている。

仕事の在庫

特記事項	作業	見込み	責任者
	……		
	新商品プレゼンのスライドの準備	4P 2p	カトリン
	……		

図35 「仕事の在庫」

チームに仕事を始めさせるシンプルな方法

前のセクションでは、ポモドーロ・テクニックのツール——タイマーと一連のシートト——をチームに応用する方法について説明した。チームで作業をする場合には、同じようにポモドーロ・テクニックのプロセスにも新しいルールと実践の仕方が必要になる。

ポモドーロ・テクニックを使おうとしているチームへのアドバイスとして、すぐに使える2つの方法を紹介する。

ポモドーロ・ローテーション

この方法を編み出したのは、ポモドーロ・テクニックを初めてチームに応用した1990年代末のことだ。一定の間隔で——通常は1回か2回、または4回のポモドーロごとに、マイクロチームのメンバーの1人が別のマイクロチームの1人と入れ替わるという方法だ。ただし、チームの責任者は移動しない。入れ替えは1度に1人ずつ、順繰りに行っていく。

慣れたチームを離れて別のチームに入ることに心理的抵抗があるのは承知している。

「仕事の妨げにならないか。スムーズにメンバーを入れ替えられるのか。仕事に余計な時間がかかることにならないか。流れが途切れてしまわないか」

直感的にはうまくいかないように思えるかもしれないが、マイクロチームのメンバーを**規則的に**入れ替えていくことは作業の効率化につながりうる。マイクロチームに新しく入ってきた人が、新しい考え方や別の解決策をもたらす可能性があるからだ。

この方法をルーティンとして用いると、次のようなことが可能になる。

- 知識の共有
- チームのスキルの共有と改善
- チームメンバーの互換性の向上
- チームが最新の状況で目標を共有でき、不必要なミーティングをなくせる常識を少し働かせるだけで、マイクロチーム間のメンバーの移動はスムーズにいく。1回のポモドーロごとにメンバーを入れ替えることもできるほどだ。

たとえば、カトリンが責任者のマイクロチーム1はポモドーロが終わったところで、次はマルコの代わりにマイクロチーム2からステファンが入ってくることになっている。マイクロチーム2はまだポモドーロが終わっていない。

しかし、マイクロチーム3はあと2分でポモドーロが終わる。カトリンはそれを待ってマイクロチーム3のステファニーに、ステファンの代わりに移ってきてほしいと頼むこともできる。

ローテーションをするのに、すべてのタイマーを同期させる必要はない。コミュニケーションと適応の能力によって、問題のように思えることでも知識共有とスキル改善のチャンスに変えられるのだ。

この方法はチームメンバーの意思に基づかなければならない。ローテーションの強制や押しつけは、当該のメンバーにフラストレーションをもたらし

うる。

ポモドーロのスナップ写真

私は自分の活動チームでもう何年も前から、この方法を実践している。ポモドーロのタイマーが鳴ったら、写真を撮るのだ。

何の写真かと言えば、そのポモドーロでマイクロチームがしていたことを示す何かだ。1回のポモドーロにつき1枚の写真だ。私たちはよく、そのポモドーロの中で理解できなかったことや管理できなかったことを示すものを撮る。あるいは、達成した成果を写真に収めることもある。

こうして1日の終わりには、それぞれのマイクロチームが各ポモドーロでしたことを示す写真が時系列で揃うことになる。こうすることで時間の記録が簡略化される。特に大きいのは、ほんの数分で何週間もの取り組みのプロセスを再現できることだ。プロセスを視覚化することは解決策の発見に役立つ。

チームには高度な手法が必要な理由

私は1990年代末、コーチングの仕事でポモドーロ・テクニックをチームに応用することを始めたが、そもそもの始まりはまったくの偶然だった。コーチングの相手は、ミラノにある銀行のソフトウェア開発者10人ほどのチームだった。

私はこの時期、ソフトウェア開発のプロセス効率化を目指す企業のコンサルタントをしていた。私の役目は、チームのメンバーが自分たちで問題の解決策を見つけられるようにすることだった。私はそのために、チームメンバーにたくさんの資料を渡して勉強させようとした。ところが、すぐに問題が生じた。

「いつ勉強すればいいのか」「どうすれば効果的に勉強できるか」「不安を感じずに勉強するには?」といった質問が出てきたのだ。

私にはもうなじみ深い質問だったので、休憩時間に、その答えはもうわかっていると気軽に話した。タイマーを用意して25分にセットし、「今日やること」と「仕事の在庫」のシートを用意して……というわけだ。追加的な質問に答えてから、また仕事に戻った。

ところが翌月、私が答えられない質問が出てきた。それが「ポモドーロをチームに応用するには？」だった。

質問の背景には様々な不安感があった。このチームはいつもソフトウェア開発の仕事が遅れ、1カ月と見通しを立てた仕事が5カ月もかかるようなありさまだった。驚くまでもなく、マネジャーはもうメンバーを信用しなくなっていた。

このチームは強いプレッシャーを受けていた。そして、そうした状態で仕事をすることがバグの発生につながっていた。マネジャーが飛び込んできて、社内や顧客の銀行からバグが見つかったと連絡があったので、今やっている仕事は止めてすぐに修正しろと指示することも少なくなかった。そして、チーム全員で修正に取りかかるのだった。

残業や休日出勤もしばしばだった。このようなバグの修正は、チームの全員がその週の予定どおりに働けなくなることを意味していた。仕事はさらに遅れ、いっそう見通しが立ちにくくなってフラストレーションが生じ、チームの全員にさらなるプレッシャーがかかる――。

このミラノの銀行のチームのおかげで、あなたは今、この本を読めている。そのチームは、自分たちの成功体験をカンファレンスやブログを通じて共有しようとしてくれた。この手法が口コミで世界各国の何千ものチームに伝わっていき、それがこうしてあなたにも届いたのだ。

ミラノのチームは極端なケースに思えるが、チームで仕事をする場合には期限を守ることが難しくなったり、予定に大きな見込み違いが生じたりしやすくなる。耐え難いストレスを受けることや、上司や顧客から信頼されなくなったりすることも起こりうる。仕事が複雑すぎて、マイクロチームの手に負えなくなる場合もある。あるいは、別のマイクロチームが仕事を終えるのを待たなければならないなどといった支障が生じることもある。

その他にも様々な問題が起こりうる。フラストレーションやストレスでチームの士気が落ち、生産性が低下して行き詰まり状態になってしまうことも少なくない。

チームとして複雑な仕事や中断、支障に対処するうえで、ポモドーロ・テクニックをどう生かせるか

以降のセクションでは、上述のようなフラストレーションを抱えることなく仕事

をするためのポモドーロ・テクニックのチームへの応用について、私の「ベストプラクティス（最良の方法）」について説明していく。

ミラノのチームに対するコーチングの経験から、私は他のチームにも使える実践法をまとめ上げる方向に進んでいった。そして20年近くにわたり、規模やスキル、経験のレベルを異にする様々なチームに応用してきた。

私にとって、それぞれの実践は当該のチームと固有の形で結びついている。仕事の内容や不安の程度など、それぞれのチームがそれぞれに異なっているからだ。これから紹介する手法が、あなたにも役立つことを願っている。

「カウンター方式」の実践

いま私がいるベルリンでのヒーローは、コンピューターの修理を手がける「ノートブック・ラウンジ」の人たちだ。店は驚くほど小さい。

その入り口を入ると、左手にラウンジと心地よさそうなソファがある。正面にはバーがある。そのカウンターの奥に、問題に対処してくれるチームがいる。カウンターの後ろは黒いカーテンだ。奥は見えないが、そこであなたのコンピューターは命を救われるのだ。

チームにとって、仕事の中断は最も起こりやすく悪影響が大きい問題の一つだ。1つの中断でチーム全体の仕事が止まってしまうことになりかねない。この問題への対処にポモドーロと予定表を生かすのが「カウンター方式」だ。

ここでの最も素晴らしい教訓は、中断を知識共有と能率向上のチャンスに変えられるという点だ。私は「ノートブック・ラウンジ」の店内で、自分がそれまでに実践してきたこととの類似性に気づいた。さっそく説明に入ろう。

問題

チームは目標達成に向かって取り組んでいるが、同僚や顧客、コンサルタント、マネジャー、取引先などから助力を求める要請が殺到している。どれもすぐに応えてほしいというものだ。チームメンバーは繰り返し中断を余儀なくされ、チーム全体の生産性に悪影響が生じている。

解決策

「カウンター方式」によって、チームは外的中断から身を守り、メンバー間の知識共有を促すことができる。

この方法について説明するうえで、8人のチームにコーチングをしている状況を思い浮かべてほしい。チームのメンバーは次のような態勢を取ることができる。

● マイクロチームが仕事をするスペースに立ち入ることを制限する物理的な障壁

――つまりカウンター――をつくる。助力を求めにくる人たちにメンバーの姿が見えないようにする。私は実際にカーテンを使った経験はないが、狙っている効果は同じだ。以下の説明では、このチームを「カーテン奥のチーム」と呼ぶことにする。

●「カウンターチーム」をつくる。これは、助力を求めてくる人たちに対応する1つまたは複数のマイクロチームだ。私の経験では、8人チームなら2人がカウンターチームの最適人数だ。

図36の例では、カトリンとマルコがカウンターのマイクロチームになっている。

顧客の要請に対応するのは通常、1人の仕事と見なされている。しかし、要請の内容を正しく理解して間違いを避けるために「カウンター業務」は2人ですることをお勧めする。

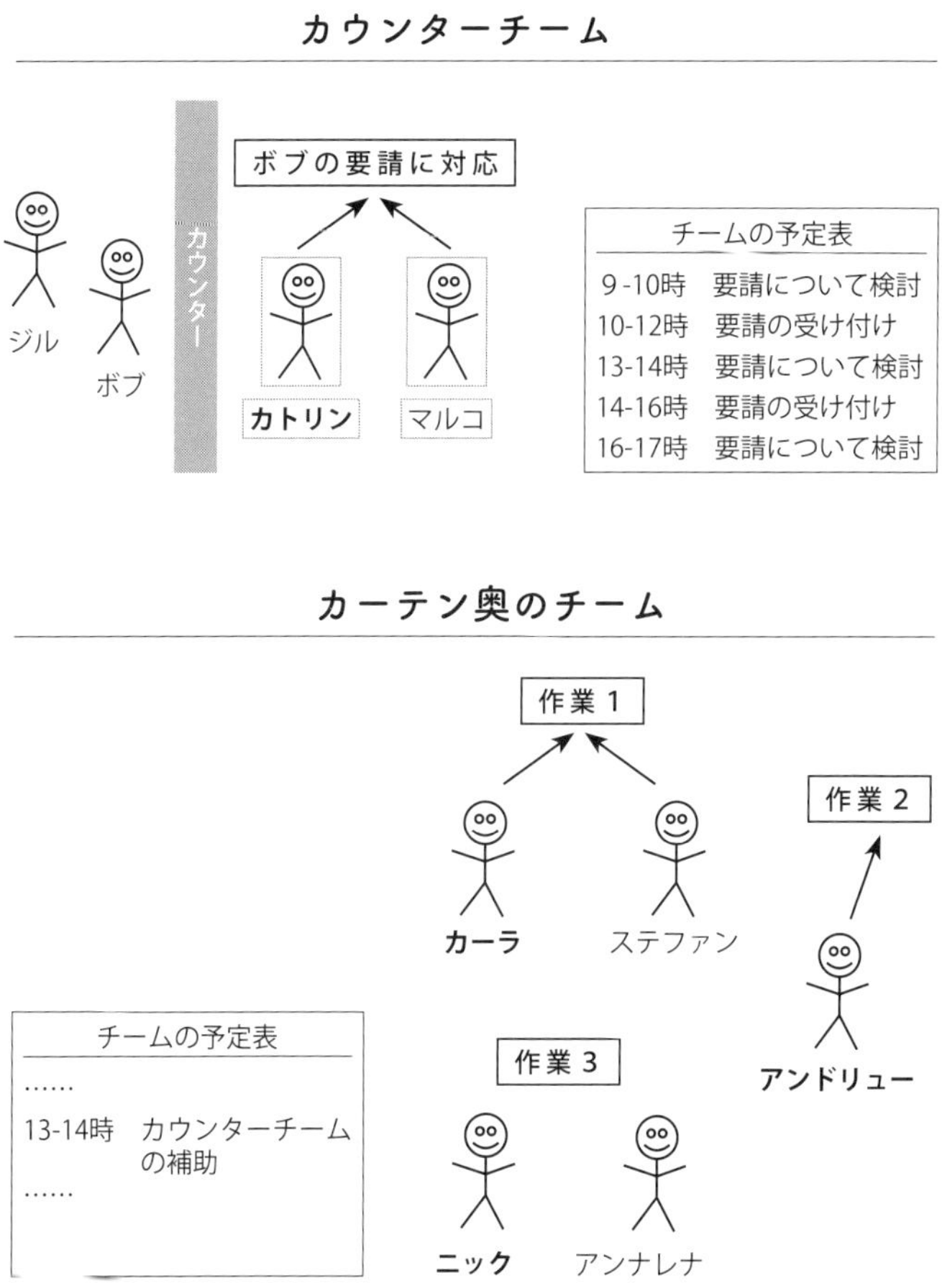

図36 「カウンター方式」の実践

● 助力を求める人たちが相談できる時間帯と、カウンターチームが要請について検討する時間帯を設定する。

図36の事例では、助力を必要とする人たちは10～12時と14～16時にカトリンとマルコに相談できる。9～10時と13～14時、16～17時は相談できない。この時間帯にカトリンとマルコは、要請に応じるための下調べなどをする。

● カーテン奥のチームがカウンターチームを補助する時間帯を設定する。図36の事例では、カーラとステファン、ニック、アンナレナ、アンドリューの「実働チーム」がマルコとカトリンのカウンターチームを補助する。カウンターチームの手が回らない協力要請に対応するのだ。

2つのチームのスケジュールは、カーテン奥のチームが協力要請の内容についてカウンターチームに確認できるようにしておく必要がある。図36の事例では、そうした作業は13～14時に行われることになる。

●ポモドーロ・ローテーションの頻度を決める。この場合もマイクロチームの責任者は移動せず、カーテン奥とカウンターの両チーム間で他のメンバーが入れ替わることになる。

ローテーションの頻度は通常4回または8回のポモドーロごと、あるいは1日単位になる。メンバーの入れ替えがしやすいチーム構成でローテーションの経験を積むにつれて、頻度を増やしていくこともできる。

他部署の人などが助力を求めにきた場合、カウンターチームは次の3つのいずれかの形で対応することができる。

1. 要請の内容と対処の仕方を見通せる場合には、すぐに対応することができる。図36の事例では、その時間帯は10~12時と14~16時になる。

2. 要請の内容と対処の仕方は見通せるが、確答するまでに少し時間が必要である場合には、カウンターチームが要請の内容を文書にして対応に必要な時間と労力を割り出し、実際に対応する時間を決める。
図36の事例では、この作業の時間帯は9～10時、13～14時、16～17時となる。

3. カウンターチームが見通しを立てられなかったり、対応の仕方がわからない場合には、要請の内容を文書にしてカーテン奥のチームにサポートを求める。図36の事例では、それができる時間帯は13～14時だ。

この手法は誤って理解されやすい。私はこれまで、新しく会社に入った人が「カウンター業務」専任にされるケースを多く目にしてきた。それまでのカウンターチームのメンバーをカーテン奥に戻せるという意味では、メリットもある。

しかし、カウンター業務をすることでメンバー全員が有用な経験をする機会が奪われてしまう。そうした経験は仕事の進め方の改善や製品の改良に役立つ。

私はこの理由から、カウンターチームにはカーテン奥のチームから少なくとも1人が加わることをお勧めする。

メリットとデメリット

「カウンター方式」のメリットとしては——

●ウィンウィンの解決策　他のチームメンバーが目標達成に向かって中断なく取り組めるようにすると同時に、顧客や同僚を喜ばせることができる。

●ノウハウの共有　問題解決と要請への対応は、当該のシステムや製品について深く知るための最善の方法の一つとなる。

●プロセスや製品の欠点の見極め　同僚や顧客の要請に接し続けることで、チームの仕事の進め方を改善するチャンスが生まれてくる。

この手法の唯一のデメリットは、カーテン奥のチームの目標達成が遅れることにつながりうることだ。チームメンバーの一部が「カウンター業務」をすることになるためだ。

私の経験では、カーテン奥のチームの目標達成が早まることも少なくない。メンバーがチームから離れても、中断をなくせることで十二分に穴埋めができるからだ。言い換えれば、６人チームで中断が起きなければ、８人チームで中断がある場合よりも目標達成が早くなりうるということだ。

「ポモドーロ・ハッカソン」の実践

年齢の別を問わず、あなたが挑戦を楽しむタイプの人であるなら、「ハッカソン」をしてみることをお勧めする。この言葉は1990年代末の造語で、「ハック」と「マラソン」という奇妙な言葉の掛け合わせだ。

ただし、ここで言う「ハック」はコンピューターへの不正侵入ではなく、問題を徹底的に検討して解決策を見つけ出すことを指す。そうしてたどり着いた解決策は効果を生むはずだ。このハッカソンは、何らかの挑戦を課題として数時間または数日間、通常は週末に行われる。

問題

マイクロチームが何らかの壁にぶつかっている。たとえば十分なリサーチをすることや、高度に複雑な作業をこなすことなどだ。予定どおりに終えないと他のチーム全体が前に進めなくなってしまう。

解決策

通常より複雑な作業、あるいはリスクが大きい作業も「ポモドーロ・ハッカソン」によって、チーム全体が最小限の時間で解決策の検討と決定をすることができる。

あなたがポモドーロ・ハッカソンのリーダーであると仮定して、具体的な方法を説明していこう。

1. チームメンバーの一部または全員を集めてハッカソンに参加させる。場所は大きな部屋が最も適している。

2. 「審査員」を指名する。通常は、当該の問題を抱えたマイクロチームが審査員になる。そのマイクロチームのメンバーもハッカソンに参加する。審査員は顧客やユーザー、マネジャーでもいい。チーム全体を審査員にすることもできる。

3.

特定の回数のポモドーロを設定する。私の経験ではたいてい4回のポモドーロで解決策が見つかるが、ポモドーロ・ハッカソンの長さは問題の複雑さや緊急度によって決まる。

1回のポモドーロで十分な場合もある。重要なのは、そのポモドーロの回数を最終的な期限として全員に徹底させることだ。4回のポモドーロと決めたら、4回目が終わるまでに答えを出すというように。

4.

ハッカソンの参加メンバーに、マイクロチームに分かれて責任者を決めるように指示する。マイクロチームの人数は、課題の内容や複雑さによって変わる。

私が特に好きなのは2人のマイクロチームだ。人数が少ない分、効率が上がる。課題の専門性の度合いによってもマイクロチームの人数は変わりうる。

たとえば、ハッカソンのテーマが「ブログの新しいレイアウトを考える」で、チーム全体が専門性の高いメンバー構成だったら、マイクロチームはビジネスアナリスト、グラフィックデザイナー、コピーライターの3人になるかもしれない。

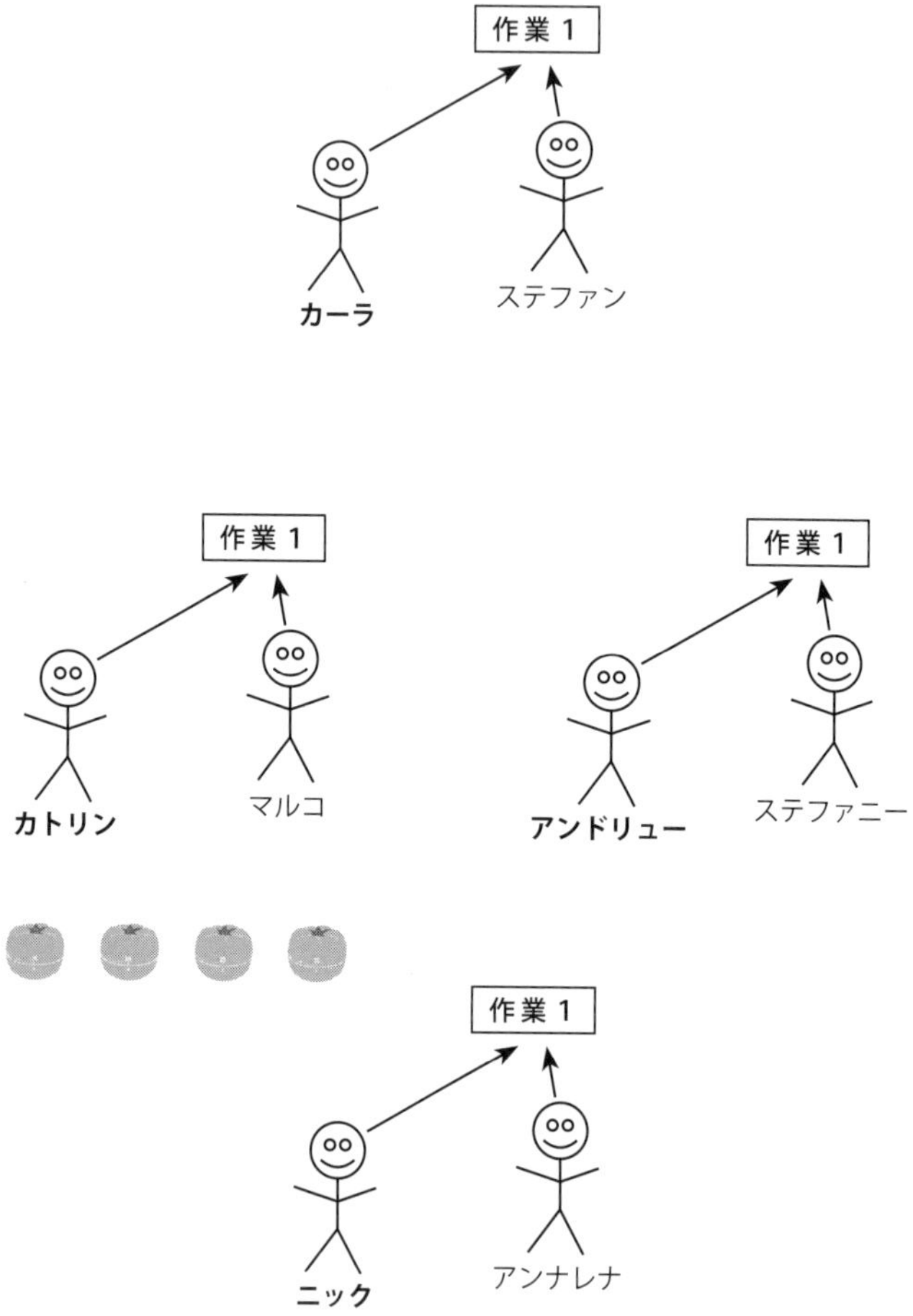

図37　ポモドーロ・ハッカソン：4回のポモドーロ、4つのマイクロチーム、1つの作業

専門性が関係しない問題であれば、マイクロチームの構成もそれだけ自由度が高くなる。

私は通常、チームメンバーに自発的にマイクロチームをつくってもらうのが望ましく、それも「変わった」マイクロチームがいいと思っている。ふだんは一緒に仕事をしていない人たちが組むチームという意味だ。慣れた相手は安心できるというのはわかるが、その習慣を破ることが驚くほど斬新な結果につながりうる。

5. ハッカソンに参加する各マイクロチームには同じ課題——解決策を見つけ出すのに必要な作業——を与える。すべてのマイクロチームが、あなたの設定した時間枠で同じ課題に取り組む。

6. すべてのマイクロチームを対象にしてタイマーをセットする。各ポモドーロにおいて、最初の5分が経過したことと残り5分になったことを全員に知らせる。

すべてのマイクロチームに1つのタイマーを使うという方法は、ここで初めて取り上げた。実際、このやり方を勧めるのは、この場合だけだ。ポイントは、ポモドーロに休憩を挟むようにすることにある。

人間には挑戦を好むという性質があり、特に初めてポモドーロ・ハッカソンに臨む人は、4回またはそれ以上のポモドーロを休憩なしに続けたいと思うかもしれない。あなたの役割は、ポモドーロの休憩の目的をメンバー全員に改めて認識させることだ。

「チャレンジ精神はいいが、4回のポモドーロの後で疲れきってしまわないようにしたい。どのポモドーロでもコントロールと明確な思考力を働かせるように」

「強制的に」休憩を取らせることが役立つのだ。

7. 優勝者を発表する。

ハッカソンの時間が終了したら、「審査員」が各マイクロチームのアイデアを評価して最も優れたものを選び出す。私は通常、この審査と結果の発表・説明にそれぞれ1ポモドーロずつを充てる。

しかし、私が一番好きなのはメンバー全員が「審査員」になる方式だ。その場合には、最初のポモドーロで各マイクロチームがアイデアを簡潔にプレゼンし、次のポモドーロで全員が評価と投票をする。

この方式がいいと思う理由は2つある。第一に、ハッカソンの全参加者が実行されるアイデアについて知識を共有できること。第二に、このプロセスの最中に、選ばれたアイデアよりもさらに良いアイデアが生まれることも少なくないからだ。

もちろん、必ず成功するわけではない。ポモドーロ・ハッカソンの時間内に効果的な解決策が見つからなかったら、どうすればいいのか。その場合には単純にもう1回、ポモドーロを延長してみる。ただし、長めの休憩を取ることがポイントだ。初めてポモドーロ・ハッカソンをする際には、メンバーのローテーションはお勧めしない。しかし、2回目以降は効果的なやり方になる。私の経験では、相性が良くないように見えるチームから最も創造的な結果が出てくることも少なくない。

メリットとデメリット

ポモドーロ・ハッカソンのメリットは、重要な問題の解決に数々のアイデアが短時間で得られることだ。チームが行き詰まり状態になり、複雑な問題に斬新な解決策が早急に求められる場合、比較検討できる複数のアイデアが得られることには信じられないほどの価値がある。

デメリットは、ハッカソンに参加するために全員が仕事を脇に置かなければならないことだ。

「破城槌」作戦

城門や城壁を破壊する武器の「破城槌《はじょうつい》」を発明したのは、紀元前8世紀のアッシリア人だとされる。このごく単純な戦争の兵器について、古代ローマの建築家ウィトルウィウスが『建築十書』で取り上げているのを私は読んだことがある。丸太の先を尖らせて青銅をかぶせたもので、古代ローマの時代には、この攻撃に耐えられる防壁はほとんどなかった。機会があったら、ぜひ『建築十書』を読んでみることをお勧めする。

現代の私たちも、目標の前に立ちふさがる突き破れないような「壁」に直面する。私たちにとっての破城槌は、様々な解決策を考え出して適用する能力だ。

私たちが問題に対して新しいアイデアを試すことは、破城槌を城壁に突き当てるのと同じだ。城壁の前で進めなくなったように思えたら、別の人の視点を得ることで新しいアイデアへの道が開ける。新しい人の視点を得ることを繰り返すことによって、壁を突き破って目標に到達できる可能性が高まるのだ。

問題

2人組のマイクロチームが4つあり、それぞれ別の作業に取り組んでいるとする。それぞれのチームでどちらかのメンバーが責任者になっている（図38参照）。

作業1は見込みよりも難しかった。マイクロチーム1は壁に突き当たり、前進するためのアイデアが見つからない状態にある。

チーム全体が目標を達成するには、この作業を終えることが欠かせない。予定どおりに完了させないと、他のマイクロチームの作業が滞ってしまう（図39参照）。

他のマイクロチームは、チーム全体の目標達成に必要な作業に懸命に取り組んでいる。その作業を中断させるわけにはいかない。

マイクロチーム1は、努力を重ねても作業を終えられない状態にある。この問題を解決するには、チーム全体の集団的な知性と問題解決の能力を生かす方法を見つけ出す必要がある。

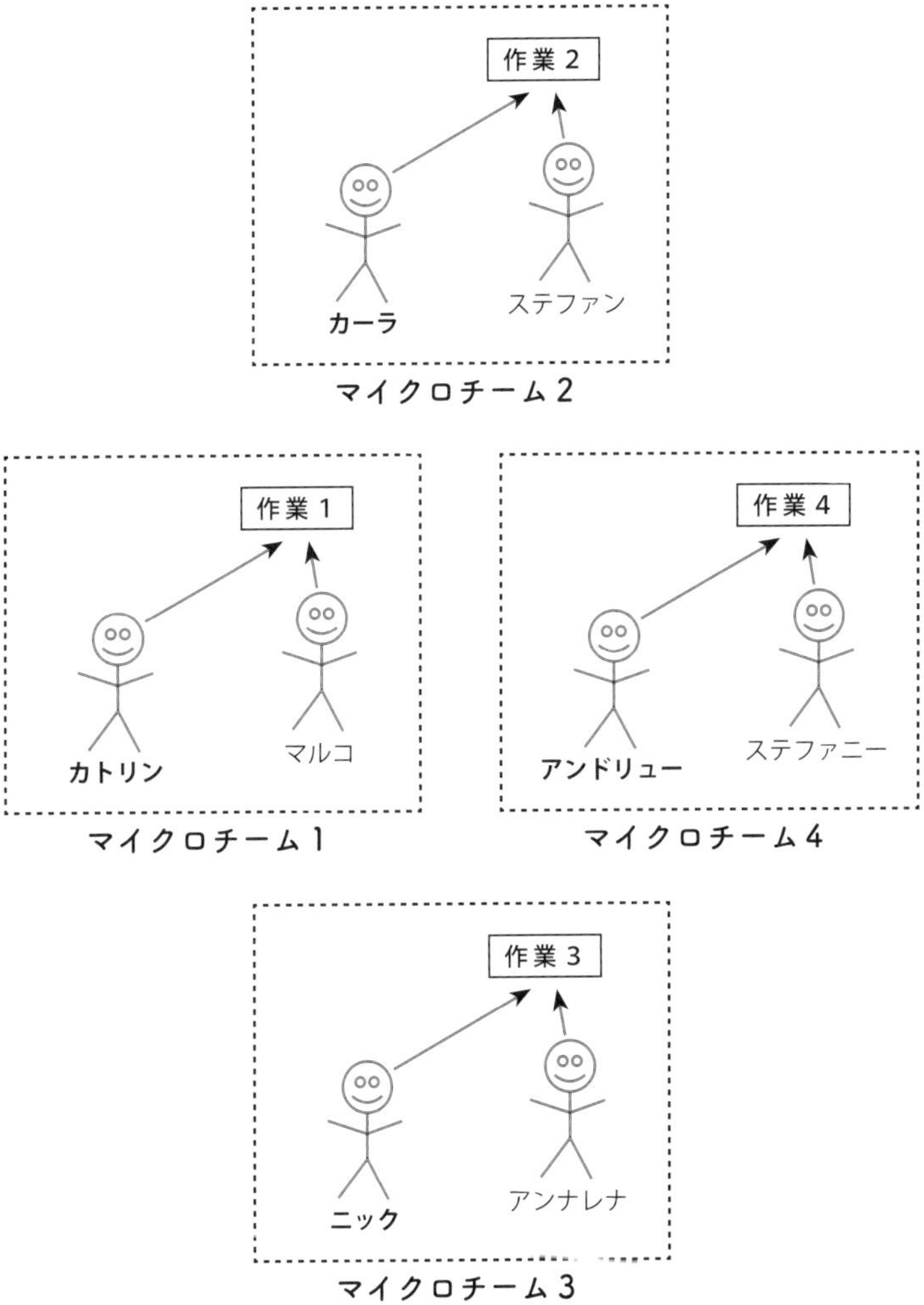
作業 2
カーラ
ステファン
マイクロチーム 2
作業 1
カトリン
マルコ
マイクロチーム 1
作業 4
アンドリュー
ステファニー
マイクロチーム 4
作業 3
ニック
アンナレナ
マイクロチーム 3

図38　チームの構成

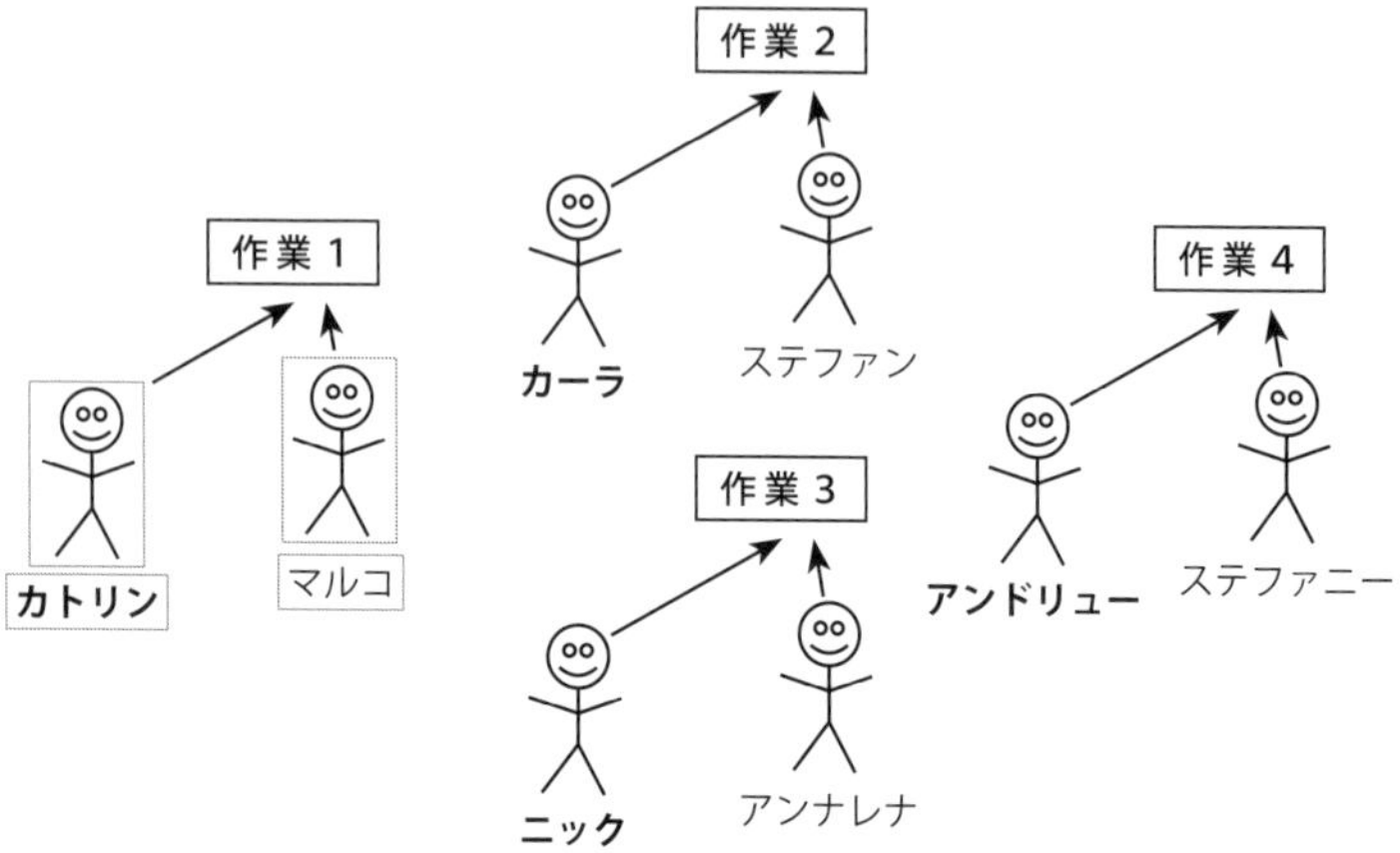

図39　マイクロチーム１が作業を終えられない

解決

「破城槌」作戦によって、チームの目標達成への道が開ける。具体的には、作業の流れを断ち切ることなくチーム全員の経験を生かすことだ。

チーム全体を止めてしまうボトルネックを生み出さずに活動を完了させるうえで、この方法は特に効果を発揮する。

この手法がマイクロチーム１の作業の完了にどう役立つか、具体的に見ていこう。

1. 危機的状況に陥っているマイクロチーム１の責任者が、他のチームに助けを求め、簡潔に問題

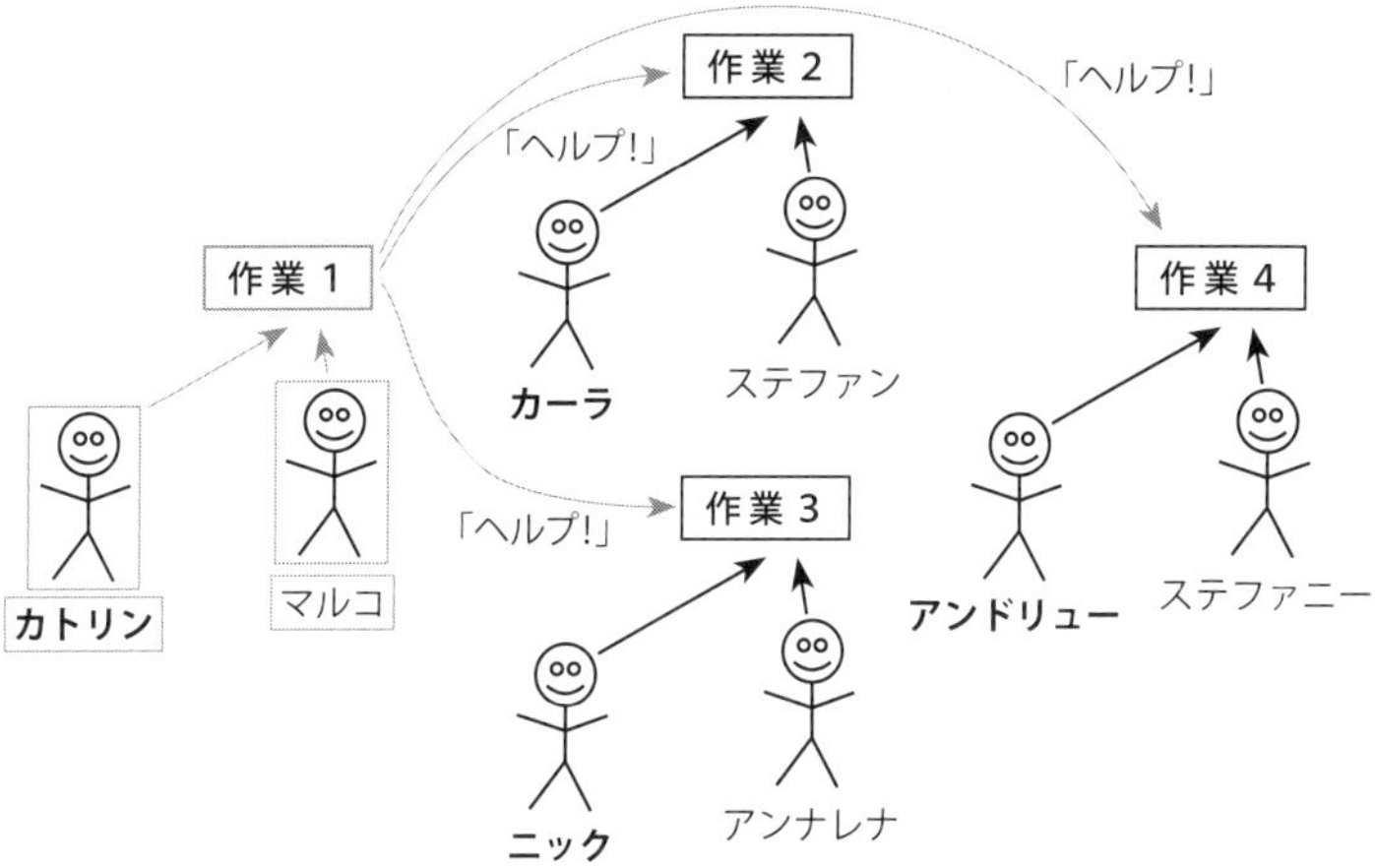

図40　ヘルプ！

点を説明する。

2. 他のマイクロチームにとって、これは「外的中断」となる（図40参照）。危機的状況を受けて他のマイクロチームの責任者は、自分のパートナーをマイクロチーム1のメンバーと入れ替えることに応じる。

　次のポモドーロではマイクロチーム2、その次のポモドーロはマイクロチーム3、さらに次はマイクロチーム4のメンバーと入れ替える、というようにすることができる。

「破城槌」作戦
――3段階、3ポモドーロの行動計画

第1ポモドーロ：マイクロチーム1のマルコをマイクロチーム2のステファンと入れ替え

第2ポモドーロ：マイクロチーム1のステファンをマイクロチーム3のアンナレナと入れ替え

第3ポモドーロ：マイクロチーム1のアンナレナをマイクロチーム4のステファニーと入れ替え

図41　ローテーション

3.

問題の複雑さと各マイクロチームの状況をふまえて、作業1の責任者であるカトリンがローテーションの予定をまとめる（図41参照）。つまり、自分とチームを組むメンバーの名前を書き出すのだ。

4.

このローテーション表に従い、各マイクロチームはメンバー2人による作業を続けるが、1人ずつマイクロチーム1のメンバーと入れ替わることになる。

　それぞれのポモドーロごとに組み合わせが変わる。ポモドーロが進むにつれて「破城槌」の突きが強くなり、問題を打ち崩していく

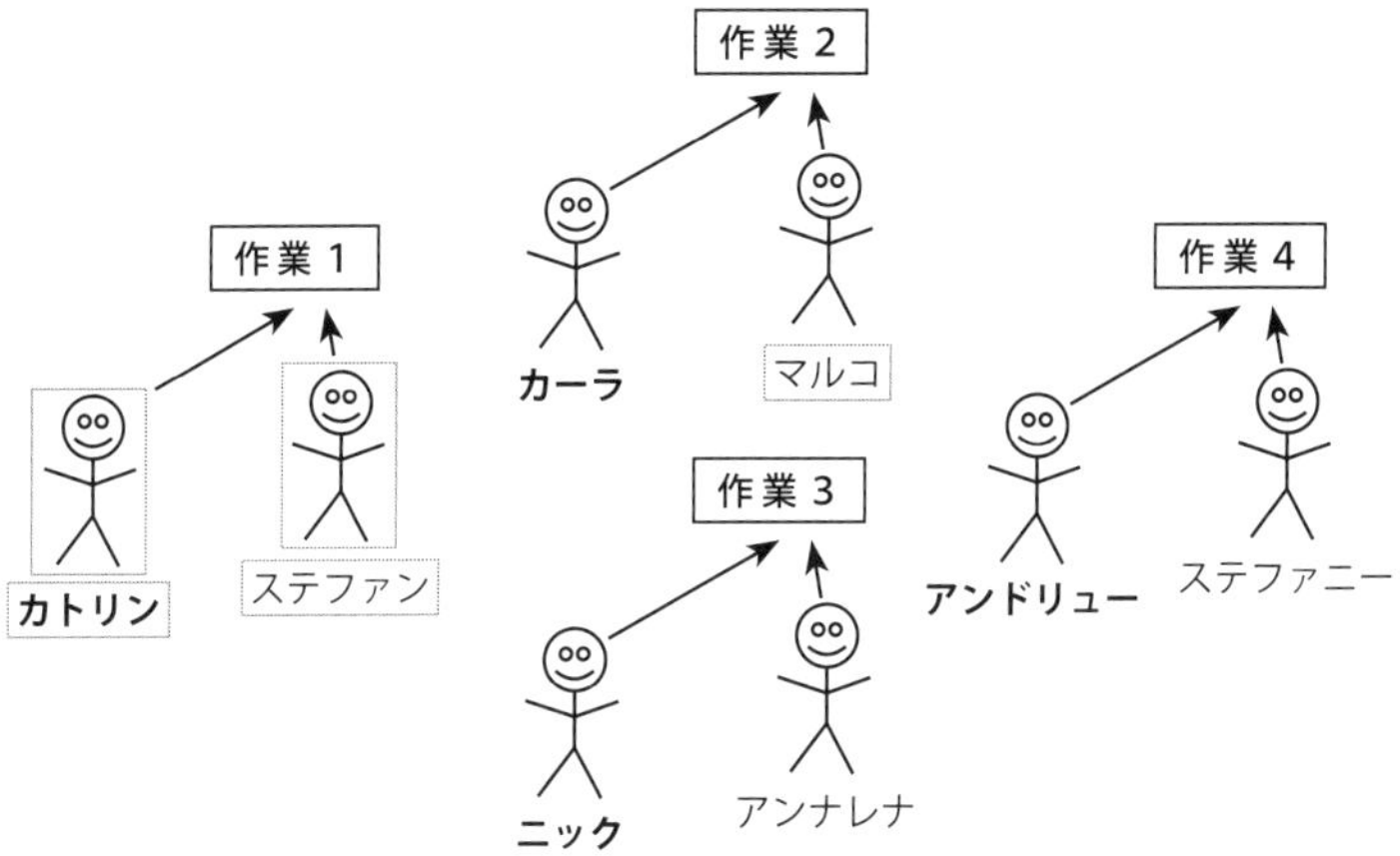

図42　最初のポモドーロ

ことになる。

5. 最初のポモドーロ（図42参照）では、マイクロチーム1の責任者は別の相手と一緒に作業を続けることになる。

ポモドーロの最初の5分でマイクロチーム1のカトリンは、突き当たっている問題について新しい相手に説明する。そしてポモドーロの最後の5分で、カトリンは相手にフィードバックを求める。

作業2、3、4の責任者も同様に、最初の5分で新しい相手

に作業について説明し、最後の5分でフィードバックを受ける。

最初のポモドーロが終わっても問題が解決しなければ、その作業の責任者は残ったままで次のローテーションに入る。

カトリンは作業1を続けるが、その相手はステファンからアンナレナに代わる。ステファンはニックと作業3をする。各マイクロチームの責任者はそのまま残り、相手が順に代わっていく。

マイクロチームが3人以上の場合でも、ローテーションは1回につき1人が望ましい。

ここでは、カトリンが3回のポモドーロという設定でローテーション表を作成した。それでも問題が解決しなかったら、どうすればいいのか。そうした場合には、必要に応じて「破城槌」作戦を繰り返すことができる。

最善の場合、協力の要請と中断は効果的に管理できる。問題が生じた作業の責任者は、その問題についてチーム全員に説明し、協力を得ながらすぐにローテーション表を作成する。このとき、それぞれのマイクロチームはポモドーロの時間が進行している。もし説明とローテーションの作成に30秒以上かかったら、各チームはそのポモドーロを無効にする。

30秒というのは短すぎるように思えるかもしれないが、これも慣れるにつれてできるようになる。スピードアップのための指針を紹介しよう。

まず、助けを求める人は、問題点を1つの文章だけで言えるようにしてから要請をすること。次に、助けを求める声が上がったら、他のマイクロチームはすぐに作業を中断して話を聞くこと。そして、問題解決の力になれると思ったメンバーは、すぐにその意思を伝えることだ。

メリットとデメリット

「破城槌」作戦のメリットは――

●1つのマイクロチームが直面した問題（図40のマイクロチーム1）がチーム全体に共有され、その作業の責任者は別のチームメンバーのスキルや経験という助けを借りることができる。

●他のマイクロチーム（図40のマイクロチーム2、3、4）は、そのまま作業を続けられる。

●各マイクロチームの責任者にとって、メンバーの入れ替わりは知識の共有につながりうる。

この方法のデメリットは、各マイクロチームのメンバー全員に作業を中断する必要が生じることだ。

RESULTS

結果

知見

ポモドーロ・テクニックは様々な種類の活動に応用されている。仕事や勉強、本の執筆、報告書の作成、プレゼンテーションの準備、プロジェクトや会議、イベント、会合、研修コースなどなどだ。

ポモドーロ・テクニックを実践した様々な人やチームの経験から得られている知見について、いくつか見ていこう。

習得に必要な時間

ポモドーロ・テクニックの実践は、ほとんど時間を必要としない。要領をつかむのに必要な時間は7～20日だ。ペアやチームで実践すれば、一貫性が高まりやすくなる。

ペアやチームで実践すると早くコツをつかめ、結果の一貫性も高くなる。

ペアで実践する場合には、それぞれのペアごとにポモドーロを進めていく。

ポモドーロの長さ

ポモドーロをどれだけ続けるかは、2つの要素のバランスを取って効果を最大限に高めることがポイントになる。

●ポモドーロは作業の「原単位」に基づかなければならない。つまり、連続的な取り組みの同等の単位を表すものでなければならない。問題は、誰もが知っているように、作業の成果という点ですべての時間が同等ではないことだ。

同じ1カ月でも同等ではない。12月は稼働日が少なくなる。地中海沿岸の国々では8月もそうだ。同様に同じ月でも週によってばらつきがあり、毎週同じ仕事量にはならない。週内の各日も同等ではなく、8時間働く日もあれば、5時間だけ、あるいは逆に10時間、12時間働く日もある。

同じように1時間も同等にはならない。大きな原因は中断が入ることだ。たとえば10分など、もっと細かく区切れば中断が入らなくなるかもしれないが、その時間では目に見える成果は生まれず、記録して追っていくことは難しい。
したがって、この第一の要素に関しては30分という単位が理想的と考えられる。

●ポモドーロは意識と集中力、明晰な思考を促すものでなければならない。経験的に、短い休憩を何度か続けた後に20〜45分の休憩を取ると、注意力と頭の働きが最大限に高まることがわかっている。

この2つの要素をふまえて、私たちはポモドーロの長さは20〜35分、最大でも40分という結論に達した。そしてこれまでの経験から、30分が最適であることがわかっている。

ポモドーロ・テクニックをメンタリングに試行的に応用した実践例では、効果を見極めながら時と場合に応じて自由にポモドーロの長さを決める手法

が取られた。
試行は1時間のポモドーロで始まり（25分では短すぎると見なされた）、それから2時間に延ばした後に45分間に短縮、さらに10分に縮めた後、最終的に30分に落ち着いた。

休憩の長さを変える

休憩時間の長さは疲労感の度合いで変わる。ポモドーロ1セット後の休憩は15～30分取るべきだ。気を詰めて仕事を続けた場合には、最後のセットに入る前に25分の休憩を取るようにする。とても複雑な問題を解決しなければならない場合には、各セットの間に25分の休憩を入れる。

特に疲れを感じたときには、各セットの間の休憩を時々延ばしてもいい。ただし、各セットの間に30分以上の休憩を取り続けると、リズムが崩れてしまうことになる。さらに重要な点として、そうしたい気持ちになるのは休息を必要としていることを示すサインかもしれない。

プレッシャーを感じてセット間の休憩を短くするのは、重大な間違いになる。次のポモドーロで問題を解決するためには、それまでの成果をふまえて新しいことを積み重ねられるように頭の中を整理する必要がある。急ごうとするあまり休憩を縮めると、逆に解決策が見えにくくなってしまうことになりかねない。

慣れないうちは、4回のポモドーロが終わったら、タイマーを25分にセットして休憩に入るのがいい。その目的は、25分という時間を厳格に守るということではなく、30分以上の休憩を取ってしまわないようにすることだ。慣れていくうちに、疲労の回復具合を自覚して次のポモドーロに入れるようになる。

ポモドーロとポモドーロの間も同様に3~5分の休憩を取るようにする。特に疲れを感じた場合には休憩時間を10分まで延ばしていい。ただし、5~10分以上の休憩を取り続けるとリズムが崩れてしまうことになる。それよりも一度に15~30分の休憩を取ったほうがいい。ポイントは、まずセット間の休憩を延ばし、それでもまだ必要ならポモドーロ間の休憩を延ばすという手順を踏むことだ。

休憩時間の管理の仕方は、マラソンに例えるのが最もわかりやすい。スタート直後はもっと速く走れても、エネルギーの温存も考える必要がある。つまり、ゴール時点の結果が最高になるようにペースを配分するということだ。

時間感覚の変化

最初の何日かではっきりと表れるポモドーロ・テクニックの第一のメリットは、時間に対する感覚が変わって集中力が高まることだ。その新しい時間感覚は次のような形で表れる。

1. 最初のうちはポモドーロの25分間がゆっくり進むように感じられる。
2. 何日か実践するうちに、25分の半分が過ぎたことがわかるようになる。

3. 最初の1週間が終わるまでに、ポモドーロの残り時間が5分になったことがわかるようになる。この時間帯に疲労を感じるという人が多い。

一連のエクササイズで時間の感覚を高めることもできる。このような時間感覚の変化が集中力の向上につながる。

ポモドーロの音

ポモドーロ（タイマー）は2つの音を出す。時間が進んでいく音と時間（25分）を知らせる音だ。この2種類の音について、2つの観点から考えるべきことがいくつかある。その2つの観点とは、ポモドーロを使う人たちと、同じ職場スペースにいる人たちだ。

ポモドーロを使う人たち

ポモドーロ・テクニックを実践する際、タイマーの2種類の音は邪魔になる場合がある。音を和らげる方法はいろいろあるが、これまでの経験から次の2つのことが起きることがわかっている（実践を始めてから2、3日で起こることもある）。

●時間が進んでいく音で気持ちが落ち着くようになる。「時間とともに仕事が進んでいる。すべて順調にいっている」という感覚だ。

●仕事に没頭してタイマーの音さえ聞こえなくなることも起こりうる。むしろ、それが問題になるほどだ。

同じ音から異なる感覚が生まれるのは、その人の時間感覚に深い変化が生じていることを示すサインだ。

同じ場にいる人たち

それでは、タイマーの音を「我慢しなければならない」人たちについてはどうか。この状況は、たとえば大学の学習室やオープンスペースの職場などで起こりうる。

周りの人たちへの配慮という点で、いくつかの解決策が試されている。具体的には効果の高い順に、光や小さなブザー音で時間の経過を知らせる腕時計、振動や画面のフラッシュで時間の経過を知らせるスマートフォンのアプリ、音をミュートできるキッチンタイマーだ。

タイマーの種類や場の環境によっては、そもそも周りの人たちの迷惑にならないこともある。

ポモドーロの形

あなたが使うキッチンタイマーはトマト（ポモドーロ）の形をしていないはずだ。リンゴ、洋梨、オレンジ、トースター、コックの人形、球形、UFO型などなど、楽しい形のキッチンタイマーがいろいろある。お気に入りのタイマーを選ぶことで、ポモドーロ・テクニックの実践がより楽しく、なじみやすいものになる。

不安感

ポモドーロ・テクニックの実践を始めて間もないうちは、タイマーに操られているという気持ちになるかもしれない。これまでの経験から、この感情が生まれやすいのは次の2タイプの人だ。

- 自分を律することに慣れていない人
- 結果の達成に強く執着する人

どちらの場合も、ポモドーロ・テクニックの最大の目標――自己観察を通じて仕事や勉強のプロセスを高めること――に集中しにくくなる。

自分を律することに慣れていない人は、ポモドーロ・テクニックは監視のために使われているのではないかという疑いがわき、タイマーが鳴ることに不安を感じやすい。ポモドーロ・テクニックは外部的な分析や統制のために用いられるものではない、という点を理解してもらうことが重要だ。

時間ややり方を監視する人がついたりはしない。ポモドーロ・テクニックにそのような外部統制は伴わない。自分自身を高めるために、あくまでも自発的に用いる手法として編み出されたものだ。

それよりも多いのが、結果に強く執着する人だ。秒針に追い立てられているように感じたり、「このスピードで十分なのか」と思ってしまったりするようなら、それは私たちの言う「適応症候群」の兆候だ。今の時代によく見られる症状で、その根底にあるのは、周りの人たちや自分自身に対して能力を十分に示せていないのではないのかという不安だ。そのせいで、時間が進んでいくタイマーの音に自分の能力不足を突きつけられているように感じてしまう。

時間にプレッシャーを感じて早道を探すが、早道は拙速につながり、中断が生じて時間的プレッシャーがさらに増すという悪循環に行き着いてしまう。

なぜ、時間が進んでいく音を聞いて落ち着くことができないのか。次の1秒でアイデアや解決策にたどり着けるかもしれないというのに、時間が経つのが早すぎると思っていると、それをみすみす逃す結果になってしまう。

ポモドーロ・テクニックで第一に重要なのは、うわべの早さではなく、内容を伴った早さに到達することが大事であるという点を認識することだ。そのために自分自身を一定の尺度で測って仕事ぶりを分析し、継続の重要性を高めていく。そうであるからこそ、ポモドーロ・テクニックはポモドーロの完了をシートに記入すること自体が最初の目標になるのだ。

たとえば、シンプルな2ページのリポートを書くのに4回のポモドーロが必要だったとする。この場合、次は2回で書けるようにするとか、2回で書けるということを周りの人たちに示すことが重要になるのではない。重要なのは、4回を2回に縮める方法を見つけ出すことだ。

最初の課題は、30分ごとの試験的な測定に基づいて自分の仕事ぶりを分析できるようにすることだ。その際に大事な点として、結果への期待はもたないようにする。単純に仕事をして、その結果を観察する。そして、必要に応じて変更を加えていく。これができるようになれば、時間が進んでいく音が別の響きをもつようになる。必要なのは、スピードを高めることに集中することだ。

次のステップは、1つの作業を見込み時間以内に終えられるようにすることだ。これはポモドーロ・テクニックというゲームのルールの一つであり、手抜きをしてはいけない。ポモドーロが見込み回数に近づいていくなかでシートに完了の「×」印を付けることには、焦りが伴うかもしれない。

しかし、冷静に集中を維持して作業を続けることが成功につながる。継続の価値を高めることが生産性と創造性の向上に結びつく。タイマーの時間が進む音は、集中を維持して作業を続けることを促す音なのだ。

最初のうちは1日に1回、中断なくポモドーロを完了させただけでも素晴らしい結果になる。それによって自分の仕事のペースをつかめるからだ。次の日は最低1回、できれば2回かそれ以上、中断なく完了することが目標になる。

　完了できるポモドーロの数を増やしていくことが重要だ。ポモドーロ・テクニックの実践からしばらく離れていた場合（たとえば休暇の後）にも、この徐々に数を増やしていく方法があてはまる。

　その場合、1日に10～12回のポモドーロをコンスタントにこなせるようになるまでには忍耐と訓練が求められる。

内的中断

内的中断の原因になりうる事柄をすべてそのまま受け入れてしまうと、ポモドーロを1日に1回完了させることさえおぼつかなくなる。このような場合には、タイマーを25分にセットしてから、ノンストップで作業を続ける時間を延ばしていくことをお勧めする（その時間を絶対に減らさないようにすることが重要だ）。

最終的な目標は、25分の全体をノンストップで終えることだ。「このポモドーロでは中断なしに10分間続けられた。次のポモドーロは少しでも10分を超えられるようにする」というように続けていくうちに、結果がついてくる。

次のポモドーロはもっとうまくいく

限られた時間をうまく使えていないという感覚は生産性を阻害する。「このリサーチを昨日終わらせていたら」「先週メールを送っていたら」「どうすれば来週までにリポートを提出できるのか」といった思いが頭をよぎるようになる。そして罪悪感が生まれ、不安に包まれた状態になってしまう。

ポモドーロ・テクニックによって、あなたは今のポモドーロに意識を集中させ、それが終わったら次のポモドーロに集中することができる。あなたの意識は「今ここに」向けられ、継続性の価値を高めながら最も合理的な順序で作業を進める方法を見極められるようになる。

どう進んでいけばいいのかわからなくなった場合には、課題の優先順位を見極めて新しい計画を立てるために1回のポモドーロを充てることができる。アイデアははっきりしているのに何かが欠けている——たとえば意志や勇気——という場合には、何もせずに座っていないですぐにタイマーをセットし、ポモドーロで実際の作業に取りかかろう。

先延ばしの癖が染みついていた人たちは、ポモドーロによって集中力が得られ、全体的なことを心配せずに小さなこと（5〜7回のポモドーロで終えられること）を積み重ねていけるようになったと言う。一度に1つのポモドーロ、一度に1つの作業、一度に1つの目標だ。

先延ばしをしやすい性格の人にとってまず重要なのは、1回のポモドーロ（25分間の作業）を中断させずに終えるのが最初の目標であるということを認識することだ。

最適なタイマー

どのようなタイプのタイマーを使えばいいのか。機械式のタイマーか、それともソフトウェアか。経験から言えばキッチンタイマーが最適だが、いずれにせよ次のような条件を満たす必要がある。

●ゼンマイ式であること。ゼンマイを巻き上げることが作業に取りかかるという宣言になる。

●残り時間がはっきりわかり、時間の進む音が聞こえるタイプであること。それによって時間の経過を感じ、集中力を維持できることになる。

●時間の終了をはっきりした音で知らせるタイプであること。

見通す力を高める

ポモドーロ・テクニックの実践によって得られる成果の一つは、見通しをつける力が高まることだ。それは次の2つの道筋によって高まる。

●量的な推測力の向上　ポモドーロの見込み数と実際の数との誤差を減らしていくことを通じて。言い換えれば、その日の予定を立てる際に、作業に必要な労力を正確に見通せるようになるということだ。その基礎になるのは自己観察と30分間の成果の測定だ。

これまでの経験から言えば、見込み数が多すぎた場合と少なすぎた場合の数が同等になることが、推測力が向上したことを示すサインとなる。意図的に多め、または少なめに見込もうとすることは推測力の向上につながらない。成果を高めるには推測力の向上が欠かせない。

●質的な推測力の向上　計画段階で含まれていなかった作業の数を減らしていくことを通じて。言い換えれば、その日の予定を立てる際に、必要となる作業の数と種類を正確に見通せるようになるということだ。最小限の労力で目標達成にたどり着ける作業の組み合わせを特定できるようになれば、さらにいい。

必要な作業を正しく把握できていなかったり、最も効果的な作業の仕方を見極めていなかったりすると、ポモドーロの数が見込み数を超えることになる。

ポモドーロ・テクニックでは、想定外の作業はそれが生じたときに記録されることになる。そうした作業の性質を観察・理解することによって、推測力と計画力に磨きをかけられる。

ポモドーロ・テクニックはなぜ、この2種類の推測力の向上につながるのか。理由の一つは、**「5～7ポモドーロを超えるものは分割する」**というルールによって、測定対象となる作業が細分化されることにある。

分割された作業は理解しやすく、したがって見通しを立てやすい。だから誤差が減る。作業の分割（といっても過度な分割ではない）によって、よりシンプルな解決策が見えやすくなる。実際、作業の分割の目的は可能な限り細分化することではなく、複雑さをできるだけ減らして漸増効果を生み出すことにある。

モチベーションとポモドーロ

ポモドーロ・テクニックでは、3つの要因がモチベーションの向上につながる。

●1日にいくつかの作業を完了させることは過度に単純でも複雑でもなく（**ルール：5～7ポモドーロを超えるものは分割する**）、あなたが目標に到達する助けになる。

●日常的に自分を高めていくことに直接的な影響を及ぼす。

●継続的な観察と測定により、自分の能率や進捗具合を意識できる。

完全に行き詰まってしまったら

仕事が多すぎて手に負えなくなったり、重圧に押しつぶされたり、あるいはパニック状態に陥ってしまったら、どうすればいいのか。能率が上がらず、1秒ごとに期限が迫ってきているという不安を感じた場合には？　完全なまひ状態に陥ってしまったら？

こうしたことは起こりうる。それが人間というものだ。ポモドーロ・テクニックは、このような状況で極めて大きな効果を発揮する。

まず状況に目を向けよう。いま終わったポモドーロのどこに問題があったのか。その点をふまえ、必要に応じて作業の組み替えをする。新しいことを組み入れたり、不可欠な作業を割り出すために、斬新な視点をもつことにも前向きになろう。次のポモドーロに意識を集中させる。そして作業に取り組み続ける。集中と意識がスピードにつながる。一つずつポモドーロを進めていこう。

特に疲れを感じた場合には、1セットを短縮して（たとえば3ポモドーロに）、次のセットまでの休憩を長く取る。疲労度が高いとき、予定より遅れているとき、あるいはパニック状態に陥ったときには、何が何でも突き進むのではなく反復と見直しが重要になる。

大事なのは、失われた時間を取り戻そうとするのではなく、自分自身が決めた道筋の次のステップに集中することだ。その道筋は、しばしば意図的に変更が加えられることになる。

ポモドーロの限界

ポモドーロ・テクニックの最大の難点は、自分の目標に効果的に到達するうえで小さな「機械」に頼る必要があることだ。また、ポモドーロ・テクニックは間を空けずに継続して実践しないと、上述したメリットが薄れてしまうことになる。

　ポモドーロによってもたらされる規律、それこそが高水準の能率を維持するカギなのだ。

ポモドーロ・テクニックを使うべきでない事柄

　ポモドーロ・テクニックは余暇活動に用いられるべきではない。ポモドーロを使うことは予定と目標の設定を意味する。それではもう余暇活動ではなくなってしまう。純粋に楽しむ目的で本を読むという場合にポモドーロ・テクニックを使うべきではない。予定などない自由な時間なのだから。

ポモドーロ・テクニックの熟達

確たる事実として、個人またはチームに対するポモドーロ・テクニックの効果は一連の要因から生まれている。その要因は次のようにまとめられる。

「時間依存」の反転

ポモドーロは抽象的な時間を表す。ポモドーロは「時間の生成」を制限する箱だ。この時間の生成に対する依存を断ち切り、それを反転させることによって時間を別の観点で捉えられるようになる。ポモドーロという一定の抽象的時間で自分自身を測定することにより、時間の生成という概念に対する直接的な依存を断ち切ることができる。

具体的には「タイムボクシング」(time-boxing＝時間枠の設定)という概念、そして時間が逆に進むというポモドーロの考え方(25分から0分へと進んでいく)が、意思決定プロセスを促す「良い緊張」（eustress＝ユーストレス）を生み出す。それによって、あなたは主体的に作業を完遂できるようになる。

時間の経過をネガティブにではなくポジティブに受け止められるようになる。ポモドーロの一つひとつが向上のチャンスになる。危機的な状況の中では、それは速やかな立て直しのチャンスになる。

時間の経過とともにプロセス向上の可能性が高まっていく。作業の見通しを立てて予定を組むことも楽になっていく。時が経つにつれて不安感は薄れていき、「今ここ」に対する意識と集中力が高まり、明確な思考で次の行動を決められるようになる。その結果、生産性が高まる。

さらに加えてポモドーロ・テクニックには、それと同じ「依存の反転」が中断の防止や削減にも効果をもたらす。それによって集中力と継続性が高まり、やはり生産性の大きな上昇につながる。

複雑性への対処

次の2つのルールに従って毎日、難度の高い作業をいくつか終えていくようにすれば、モチベーションを最大限に高めることができる。

- **5〜7ポモドーロを超えるものは分割する。**
- **1ポモドーロに満たないものは組み合わせる。**

複雑性の低い作業は見通しを立てやすく、量的な推測力が高まることになる。複雑な作業を分割することも目標達成への意志の強化につながる。

休憩

ポモドーロの合間に頻繁に休憩を取ることは、生産性向上につながる明晰な頭の働きを保つうえで必須だ。重要なポイントとして、休憩を取ることは弱さの表れと誤解されやすい。

「真のマネジャーは朝9時に会議を始めて10時に終え、あとはデスクから離れない」とされている会社も多い。このような極端な働き方はフラストレーションや集中力低下の大きな原因となり、能率の低下につながりうる。

ポモドーロ・テクニックの実践により、多くの人が休憩の重要性を理解するようになる。25分ごとに休憩を取ることで、新しい視点で問題について考え、別の解決策を見いだすことが可能になる。自分で間違いに気づいて修正したり、創造のプロセスが刺激されたりすることにもなる。休憩によって継続性の価値が高まるのだ。ただし、休憩は本当の休憩でなければならない。タイマーが鳴った後、ただ仕事の手を休めるだけで、頭の中で仕事について考え続けていては休憩にならない。

ポモドーロ・テクニックの実践を通じて、自分を仕事から切り離すこと、つまり能率の低下につながる「働き詰め」をなくせるようになる。立ち止まって自分自身を外側から見つめることで、自分の働きぶりに対して意識を高められる。つまり休むことは弱さではなく、むしろ強さに結びつくということだ。

観察と継続的なフィードバック

ポモドーロ・テクニックは25分ごとの成果を比較する手法だ。その最初と最後の5分間はおさらいと見直しで、それによって作業の進め方が正しいのかどうかを見極められる。

2人のペアで作業をする場合には、個人やチームの場合よりもこのプラスの効果が大きくなる。状況によっては、次のポモドーロから予定を組み替えるといったことにもなりうる。

少なくとも毎日一度、各ポモドーロの記録をシートに書き込むことで、自分のやり方の効率性を客観的な尺度で評価できる。自分自身の観察を記録に残すことにより、見通しの精度を高めながら、作業の進め方に調整を加えて成果を高めていくことができる。目標をより明確にしたり、作業を分割したり、重複する作業や無駄な作業をなくし、別の進め方を試したりもできる。

仕事や勉強のプロセスを高める可能性が開けることは、主体的な取り組み意欲の向上につながる。

持続できるペース

休憩時間も含めて予定表に従うことは継続性の確立につながる。高い能率を維持するうえで、朝から晩までノンストップで仕事や勉強を続けるのは得策ではない。工場の機械なら休みなしに稼働時間を延ばせば生産量が増えるが、人間はそうはいかない。

ポモドーロの合間、そしてポモドーロのセットの合間の休憩をきちんと取ることで、ペースを保ったまま仕事や勉強を続けられる。疲れは当然感じるとしても、疲れきってしまうことにはならない。言い換えれば、ポモドーロ・テクニックでは休憩と作業の難度を意識的に管理していくことによって、自分自身が維持できるペース、心理的なリズムをつかめるようになる。

次のステップ

準備はもうできただろうか。タイマーの用意は？　ポモドーロ・テクニックのウェブサイトから、テンプレートとワークシートをダウンロードしただろうか。

それでは始めよう。

あなたには改善への道が開けている。それは規律と観察、そして楽しさを伴う道のりだ。最初に説明した「6つの目標」の1つめを達成する前の時点でも、ポモドーロ・テクニックはあなたにプラスの結果をもたらすのだ。

それでは、次のステップに進むにはどうすればいいのか。1歩ずつ進んでいくためのヒントをいくつかまとめておこう。

●ポモドーロの一つひとつが重要　ポモドーロ・テクニックの目的は、時間に対する意識を高めることだ。これはつまり、次のステップを意識するということだ。そしてステップを重ねていくごとに、あなたの意識は高まっていく。

観察には努力と規律が求められ、あなたは自分の取り組み姿勢について知る必要がある――それも一定の系統立った方法で。自分自身に対する幻想をなくすことで、自分でも驚くほどの改善が見られるようになる。

●時間と競争する必要はない　ポモドーロ・テクニックでは、時間はあなたの仕事を高めるためのツールになる。あなたはハンマーという道具と競おうとするだろうか。それは無意味なことだ。

ところが、私たちは時間に勝とうとしてしまうことがある。たとえば、1日のポモドーロの数で新しい記録をつくろうというように。そう思った時点で、実はもう負けているのだ。ボードレールが言っている――

「時は貪欲な勝負師だ　いかさまをせずに常に勝つ」

どのような形であっても、時間との争いは負けにしかならない。自分が時間と争おうとしていることに気づいたら、タイマーを止めて深呼吸しよう。忘れないでほしい。**次のポモドーロはもっとうまくいくのだ。**

●**休憩を取る**　休憩はポモドーロ・テクニックの最も重要な構成要素だ。休憩で作業から離れて自分の疲れ具合を見極め、さらに続けるかやめるかを決めることができる。休憩を取ることによって、思考力と意欲を高めて次のポモドーロに入ることができる。休憩は能率を高める。しかも努力はまったく要らない。

●**一つずつ目的を達成していく**　ポモドーロ・テクニックは一連の段階的目標に分けられる。つまり、目標を一つずつ順に達成していくということだ。自分が本当に目標を達成したか、ごまかしてはいないかを見極めるうえで、次の問いに「イエス」か「ノー」で答えることが役立つ。

●ポモドーロの最初と最後の5分間におさらいと見直しをする際、前よりも注意深く、はっきり考えられるようになったか。

●声に出して言うことで、おさらいと見直しの効果が高まったか。

●パートナーと一緒にすることで、おさらいと見直しの効果が高まったか。

答えが「ノー」のまま変わらず、目標を達成できない状態が続くようなら、その前の目標達成で身につけたことが完全に実践できているか、見つめ直してみる。いずれにせよ、前の目標を達成するまで次の目標に取り組むことはできない。

●急ぐ必要はない　あなたが目指すのは、ポモドーロ・テクニックのすべての目標をできるだけ早く達成することではない。それでは時間と争うことになってしまう。落ち着いて取り組もう。

急ぐ理由はない。腰を据えて、いま取り組んでいる目標の達成を楽しもう。楽しいという気持ちは、せかせかと急ぐことではなく、今している経験を意識的に味わうことから生まれる。

もうこれ以上、説明することはない。さあポモドーロの時間だ。楽しみを始めよう！

記　録

the Pomodoro TECHNIQUE

名前：＿＿＿＿＿＿＿＿

日付	時刻	種別	作業	見込み	実際	誤差

仕事の在庫

名前：＿＿＿＿＿＿＿＿＿＿＿＿

今日やること

the Pomodoro TECHNIQUE

名前：＿＿＿＿＿＿＿＿＿＿＿＿＿＿

日付：＿＿＿＿＿＿＿＿＿＿＿＿＿＿

	予定外＆緊急	

用語集

ポモドーロ（pomodoro）　25分を計るためのキッチンタイマーのこと。この方法を始めた当初、トマト（イタリア語でポモドーロ）の形をしたキッチンタイマーを使っていたことにちなむ。

タイムボクシング（time-boxing）　ポモドーロ・テクニックでは、一連の作業に特定の数のポモドーロ（つまりタイムボックス＝時間枠）が割り振られたら、その予定はもう変えられない。作業が終わらなかった場合には、次のポモドーロを追加する。

質的な推測の誤差　目標の達成に必要な作業の一部を見落としていた場合に生じる。

量的な推測の誤差　１つの作業（あるいは一連の作業）に関する見通しが、実際に必要な労力を超えていた場合（過大評価）、または下回っていた場合（過小評価）に生じる。

• １ポモドーロに満たないものは組み合わせる。単純な作業は組み合わせることが可能（70、73、175ページ）

• 成果はポモドーロごとに積み重なる（166ページ）

• 常に予定表がポモドーロに優先する（86、109ページ）

• １つのマイクロチームに１つのポモドーロ。各マイクロチームがそれぞれポモドーロを管理する（104、107ページ）

• 次のポモドーロはもっとうまくいく（57、64、165、180ページ）

ルール

- ポモドーロは「25分プラス休憩５分」からなる（32ページ）

- ４回のポモドーロごとに15〜30分間の休憩を取る（36ページ）

- ポモドーロは分割できない。“半ポモドーロ”や“４分の１ポモドーロ”などはない（32、57、64ページ）

- タイマーが鳴るまでポモドーロは続く（48ページ）

- 長く中断されたポモドーロは無効となる（34ページ）

- 時間前に作業が終わったら、終了時間が来るまで見直しをする（39ページ）

- ポモドーロを守る。中断しそうになったら手早く連絡や相談を済ませ、後で相手に連絡することにする（65ページ）

- ５〜７ポモドーロを超えるものは分割する。複雑な作業はいくつかに分ける（70、77、169、170、175ページ）

イベント、ミーティング

FrancescoCirillo.com/pages/calendar
カンファレンスやファンミーティングで他の実践者やフランチェスコ・シリロ、ポモドーロ・チームのメンバーと会うことができる。

フェイスブック

Facebook.com/francescocirilloconsulting

ツイッター

Twitter.com/pomodorotech

メール

pomodorotechnique@francescocirillo.com

参照リスト

オフィシャル・ウェブサイト

FrancescoCirillo.com/pages/pomodoro-technique

オフィシャル・ブックサイト

FrancescoCirillo.com/products/the-pomodoro-technique

公開講座

FrancescoCirillo.com/products/pomodoro-technique-public-course
ポモドーロ・テクニックの生みの親フランチェスコ・シリロから直接学べる実践講座。

オンライン・コース

FrancescoCirillo.com/products/pomodoro-technique-online-course
ポモドーロ・テクニックの生みの親フランチェスコ・シリロからオンラインで直接学べる。

認定

FrancescoCirillo.com/products/certified-pomodoro-technique-practitioner
どこにいても受けられるセルフガイドの認定プログラムによって、ポモドーロ・テクニック実践の認定者になれる。

Abraham H. Maslow, *Toward a Psychology of Being* (Wiley, 1998).

Eugène Minkowski, *Lived Time* (Northwestern University Press, 1970).ユージン・ミンコフスキー『生きられる時間 現象学的・精神病理学的研究』(中江育生、清水誠、大橋博司他訳、みすず書房)

参考文献

Charles Baudelaire, *Flowers of Evil* (Oxford University Press, 2008). シャルル・ボードレール『悪の華』(堀口大學訳、白水社など)

Henri Bergson, *Creative Evolution* (Book Jungle, 2009). アンリ・ベルクソン『創造的進化』(真方敬道訳、岩波文庫など)

Jerome Bruner, *The Process of Education* (Harvard University Press, 1977). ジェローム・ブルーナー『教育の過程』(鈴木祥蔵、佐藤三郎、岩波書店)

Jane B. Burka and Lenora M. Yuen, *Procrastination: Why You Do It, What to Do About It Now* (Da Capo Lifelong Books, 2008).

Tony Buzan, *The Brain User's Guide* (Plume, 1983).

Hans-Georg Gadamer, *Truth and Method* (Continuum, 2004). ハンス＝ゲオルク・ガダマー『真理と方法哲学的解釈学の要綱（叢書・ウニベルシタス)』(轡田收、大石紀一郎、麻生建、三島憲一、北川東子、我田広之訳、法政大学出版局)

Tom Gilb, *Principles of Software Engineering Management* (Addison-Wesley, 1996).

著者

フランチェスコ・シリロ

Francesco Cirillo

コンサルタント、起業家。少ない時間と労力でより良い結果を達成する時間管理術「ポモドーロ・テクニック」の開発者。「ポモドーロ・テクニック」は効率性と生産性を上げる方法として、世界中のエグゼクティブに広まっている。ソフトウェア業界の最前線で20年以上働き、現在はソフトウェア企業、多国籍企業、起業家などのコンサルタントを務めている。

訳者

斉藤 裕一

Yuichi Saito

ニューヨーク大学大学院修了（ジャーナリズム専攻）。主な訳書に『「評判」はマネジメントせよ　企業の浮沈を左右するレピュテーション戦略』『脳のフィットネス　完全マニュアル』『先延ばし克服完全メソッド』『ギグ・エコノミー襲来　新しい市場・人材・ビジネスモデル』（以上、ＣＣＣメディアハウス）などがある。

装丁＆本文デザイン　竹内淳子（株式会社新藤慶昌堂）
校閲　円水社

どんな仕事《しごと》も「25分《ふん》＋５分《ふん》」で結果《けっか》が出《で》る

ポモドーロ・テクニック入門《にゅうもん》

2019年３月28日　初　　版
2024年１月25日　初版第２刷

著　者　フランチェスコ・シリロ

訳　者　斉藤裕一

発行者　菅沼博道

発行所　株式会社ＣＣＣメディアハウス
〒141-8205東京都品川区上大崎３丁目１番１号
電話　　販売　049-293-9553
　　　　編集　03-5436-5735
http://books.cccmh.co.jp

印刷・製本　株式会社新藤慶昌堂

ISBN978-4-484-19104-1